Planificación de menús
y dietas especiales

Planificación de menús y dietas especiales

Mercedes Fernández Correas,
Sara Jiménez Jiménez y Silvia López García

Paraninfo | ESPECIALIDADES FORMATIVAS

Paraninfo

© Autoras: Mercedes Fernández Correas, Sara Jiménez Jiménez y Silvia López García

© Ediciones Paraninfo, SA, 2025
1.ª edición, 2025

C/ Sierra de Guadarrama 35. Naves 2, 3, 4 y 5
Pol. Ind. San Fernando II,
28830 San Fernando de Henares
Teléfono: 914 463 350
clientes@paraninfo.es / www.paraninfo.es

Producción: Nacho Cabal Ramos
Diseño y maquetación: Eva Zuazua

ISBN: 978-84-283-6762-2
Depósito legal: M-2801-2025
(29.954)

Impreso en España
Liberdigital (Casarrubuelos, Madrid)

La editorial recomienda que el alumnado realice las actividades sobre el cuaderno y no sobre el libro.

Paraninfo

El presente libro desarrolla el Módulo Formativo de **Planificación de menús y dietas especiales HOTR055PO,** con una duración de 20 horas. Pertenece a la familia profesional de Hostelería y Turismo, y está asociado al área profesional de Restauración.

La estructura organizativa de sus contenidos corresponde fielmente a la establecida por la normativa vigente y más concretamente a los contenidos del Módulo Formativo de **Planificación de menús y dietas especiales.**

Las unidades del libro se acompañan de multitud de **recursos didácticos** que ayudarán a la mejor comprensión de la materia de estudio:

- Desarrollo del currículo oficial.
- Lenguaje claro y sencillo que favorece la comprensión.
- Explicaciones exhaustivas y rigurosas, pero también amenas y asequibles.
- Gran cantidad de fotografías y tablas explicativas.
- Recuadros con información complementaria.
- Argot técnico con los términos más relevantes para facilitar su consulta.
- Actividades propuestas intercaladas con la teoría.
- Ejemplos reales para ilustrar los contenidos teóricos.
- Actividades finales de comprobación de tipo test y actividades de aplicación en todas las unidades.

Este libro cuenta con el **solucionario** de las actividades incluidas en el libro al que puede accederse previo registro, desde la ficha web de este libro en www.paraninfo.es.

Solucionario disponible en

www.paraninfo.es

Presentación

Contenido

1

Nutrición y buenos hábitos

La nutrición y los buenos hábitos alimenticios son fundamentales para mantener una buena salud y prevenir enfermedades. Una alimentación equilibrada y variada, combinada con la práctica regular de ejercicio físico, contribuye a un óptimo funcionamiento del organismo y a mejorar nuestra calidad de vida en general.

1.1. Dietética y nutrición: conceptos básicos

La historia de la dietética y la nutrición se remonta a miles de años atrás, cuando las antiguas civilizaciones comenzaron a comprender la importancia de una alimentación balanceada para la salud y el bienestar.

En la antigua Grecia, Hipócrates, considerado el padre de la medicina, ya recomendaba una dieta equilibrada para prevenir y tratar enfermedades.

Durante la Edad Media, la alimentación también jugó un papel crucial en la salud de las personas. Los monasterios y hospitales comenzaron a implementar dietas específicas para tratar diversas dolencias, lo que sentó las bases de la dietética como disciplina científica.

En los siglos posteriores, con los avances en la medicina y la investigación científica, se fueron descubriendo los nutrientes esenciales para el funcionamiento del cuerpo humano. En el siglo XIX, el químico Justus von Liebig propuso la teoría de que los alimentos estaban formados por nutrientes básicos, como proteínas, carbohidratos y grasas, y que era necesario consumirlos en cantidades adecuadas para mantener la salud.

En el siglo XX, con el avance de la tecnología y la investigación en nutrición, se empezaron a identificar las vitaminas y minerales esenciales para el organismo, así como la importancia de una alimentación variada y equilibrada para prevenir enfermedades como la desnutrición y la obesidad.

En la actualidad, la dietética y la nutrición han cobrado una relevancia sin precedentes debido a la creciente conciencia sobre la importancia de llevar una alimentación saludable para mantener un óptimo estado de bienestar. Con la proliferación de enfermedades relacionadas con la mala alimentación, como la obesidad, la diabetes y las enfermedades cardiovasculares, cada vez más personas buscan información y consejos sobre cómo mejorar su dieta.

La dietética y la nutrición se han convertido en disciplinas clave para promover la salud y prevenir enfermedades, ya que una alimentación equilibrada no solo contribuye a mantener un peso saludable, sino que también fortalece el sistema inmunológico, mejoran la concentración y el rendimiento cognitivo, y previene el envejecimiento prematuro.

Los profesionales de la dietética y nutrición juegan un papel fundamental en la educación de la población sobre hábitos alimenticios saludables, adaptados a las necesidades individuales de cada persona. Además, con el avance de la tecnología, cada vez es más fácil acceder a información y recursos para planificar y seguir una dieta equilibrada, como aplicaciones móviles, webs especializadas y dispositivos de monitorización.

En resumen, la dietética y la nutrición en la actualidad son fundamentales para promover la salud y el bienestar de las personas, y se han convertido en aliados indispensables para llevar una vida más sana y activa.

Pero ¿son lo mismo dietética y nutrición? Obviamente no. A continuación, vamos a definir ambos conceptos para entender sus diferencias.

Nutrición

La nutrición es la ciencia que abarca todos los procesos mediante los cuales el organismo recibe, utiliza, transforma e incorpora en sus propias estructuras los nutrientes que forman parte de los alimentos.

La persona responsable de este estudio es la nutricionista quien elabora pautas de alimentación para personas que sufren enfermedades tanto físicas como psicológicas, como podrían ser la anemia, la diabetes, la bulimia o la anorexia.

Dietética

Por otro lado, la dietética es la técnica de utilizar los alimentos de manera adecuada (tanto por un individuo como por un colectivo), proponiendo formas de alimentación equilibradas, variadas y suficientes, permitiendo cubrir las necesidades biológicas en cuanto a edad, sexo o actividad física diaria.

Por tanto, un dietista se encarga de sugerir pautas de alimentación para, por ejemplo, la pérdida de peso, para estados como la menopausia o incluso realiza dietas para personas veganas, vegetarianas, crudiveganas, etcétera.

Figura 1.1. Dietistas y nutricionistas nos ayudan a planificar nuestra alimentación.

Los nutricionistas elaboran dietas para personas que sufren algún tipo de enfermedad.
Los dietistas sugieren pautas de alimentación a aquellas personas que quieren o necesitan cambiar su dieta.

1.2. Alimentos, nutrientes y dietética

Comer es un acto básico de nuestra vida. La alimentación es muy importante en la socialización humana, en su relación con el entorno humano. Además, la alimentación es el proceso por el cual nuestro cuerpo obtiene los nutrientes que necesita para vivir. Así, podemos definir *alimentación* como la manera de incorporar al organismo las sustancias que necesita para mantenerse vivo obteniendo de su alrededor productos naturales o transformados (alimentos) que contienen los nutrientes necesarios para la vida.

Después de esta ingesta, termina la alimentación y comienza la nutrición, ya que, como indicábamos en el punto anterior, los nutrientes se absorben en nuestro organismo y, posteriormente, son transportados a los tejidos y allí utilizados. La nutrición, al contrario que la alimentación es inconsciente e involuntaria, ya que cada cual puede elegir entre comer unos alimentos u otros, pero una vez ingeridos, no depende de nosotros la forma en la que se absorben los nutrientes que estos contienen.

Una vez que hemos comprendido esto, podemos sacar varias conclusiones:

- Solo existe una manera de nutrirse, sin embargo, existen muchas formas de alimentarse. Es decir, hay innumerables tipos de menús en los que podemos tomar todos los alimentos, pero cuando estos pasan a nuestro aparato digestivo, los nutrientes (proteínas, azúcares, hidratos...) que contienen esos alimentos se utilizan igual sean de un alimento u otro.

- Debido a que, como hemos dicho, la alimentación es voluntaria y consciente, esta estará influenciada por la educación que cada persona reciba.

- Nuestra nutrición depende de nuestra alimentación, por lo que, a excepción de las personas enfermas que probablemente no puedan absorber de manera correcta todos los nutrientes que ingieren, toda persona que se alimente de manera correcta, estará bien nutrida.

Unos conceptos básicos para entender el tema del que vamos a hablar serían los siguientes:

Un *alimento* es una sustancia, o una mezcla de sustancias naturales o elaboradas, que, ingeridas por el hombre, aportan a su organismo los materiales y la energía necesaria para el desarrollo de sus procesos biológicos.

La dieta es el conjunto de alimentos y bebidas que tomamos de forma habitual para cubrir nuestras necesidades de energía y nutrientes y que conforman nuestros hábitos alimentarios.

Cuando hablamos de *nutrientes,* nos referimos a una serie de sustancias químicas que están en los alimentos y que nos sirven para que nuestras células obtengan energía y materia para funcionar de manera correcta. Para ello, nuestro cuerpo debe antes descomponerlos y transformarlos. Ningún alimento contiene todos los nutrientes que necesitamos para vivir, por lo que debemos consumir diferentes tipos de alimentos para poder disponer de todos ellos.

Según su tamaño, vamos a diferenciar varios tipos de nutrientes:

- Los macronutrientes son de gran tamaño y los necesitamos en grandes cantidades; son las proteínas, los hidratos de carbono (azúcares) y los lípidos (grasas).

- Los micronutrientes son aquellos de los que solo necesitamos poca cantidad, son de pequeño tamaño. Incluimos dentro de este grupo las vitaminas y los minerales.

Si clasificamos los nutrientes según su origen y necesidad, podemos diferenciar entre nutrientes esenciales y nutrientes no esenciales. Los primeros no podemos fabricarlos y debemos ingerirlos en la dieta. Por tanto, los nutrientes no esenciales son aquellos que podemos fabricar a partir de otros que obtenemos de lo que comemos.

A continuación, vamos a describir cuáles son los diferentes nutrientes, cuáles son sus funciones principales y en qué alimentos los vamos a encontrar principalmente.

Agua

El agua es un macronutriente esencial, pero no aporta energía al organismo. Constituye el 60-70 % de nuestro peso corporal (dependiendo de la edad, sexo, etc.), por lo que es el componente mayoritario en nuestro cuerpo y, además, interviene en diferentes procesos dentro de nuestro organismo:

- **Transporte de nutrientes:** el agua ayuda a transportar nutrientes y oxígeno a todas las células del cuerpo a través del torrente sanguíneo.

- **Regulación de la temperatura corporal:** el agua ayuda a regular la temperatura corporal a través del proceso de sudoración, que es la forma en la que el cuerpo se enfría.

- **Eliminación de desechos:** el agua ayuda a eliminar desechos y toxinas del cuerpo a través de la orina y el sudor.

- **Lubricación de articulaciones y órganos:** el agua actúa como un lubricante para las articulaciones y los órganos del cuerpo, ayudando a prevenir la fricción y la incomodidad.

■ **Mantenimiento de la hidratación de las células:** el agua es esencial para mantener la hidratación de las células del cuerpo, lo que es vital para el buen funcionamiento de todos los sistemas del organismo.

■ **Ayuda en la digestión:** el agua es necesaria para el proceso de digestión, ayudando a descomponer los alimentos y absorber los nutrientes de manera adecuada.

■ **Regulación de la presión arterial:** el agua ayuda a mantener la presión arterial en niveles saludables al colaborar en la regulación del equilibrio de electrolitos en el cuerpo.

Todo lo anterior demuestra la importancia de mantener una hidratación adecuada para evitar que la cantidad de agua en nuestro cuerpo disminuya por debajo de límites muy estrictos. Sobre todo, en poblaciones consideradas de riesgo como embarazadas, personas enfermas, ancianos, lactantes y niños.

Figura 1.2. Es muy importante mantener una correcta hidratación.

La cantidad de agua que tiene cada alimento depende del origen de los mismos. Así, los alimentos de origen vegetal que sean frescos, como frutas, verduras y hortalizas, van a contener entre un 80 y un 95 % de agua. Los alimentos de origen animal (carnes, pescados o huevos) contendrán entre un 60 y un 80 % de agua. En cuanto a la leche, esta presenta, aproximadamente, un 87 % de agua en su composición. Y, finalmente, aquellos alimentos derivados de otros o procesados contienen un porcentaje menor de agua (30-35 % aproximadamente); aunque los alimentos que menos agua contienen son las legumbres, las pastas o el arroz que no superan el 12 % de agua en su composición. Dependiendo de la cantidad de agua que tenga cada alimento en su composición vamos a diferenciar entre alimentos perecederos (más cantidad de agua), alimentos no perecederos (menos cantidad de agua) y alimentos semiperecederos.

Proteínas

Las proteínas son grandes moléculas compuestas por cientos o miles de unidades denominadas aminoácidos.

Dependiendo de cómo se unan estos aminoácidos y de la forma espacial que tomen, tendremos diferentes proteínas con diferentes funciones.

- **Estructural:** las proteínas son componentes esenciales de las células y tejidos del organismo, como los músculos, la piel, el cabello y las uñas. Proporcionan rigidez y forma a las células y contribuyen a la integridad de los tejidos.

- **Enzimática:** muchas proteínas actúan como enzimas, que son moléculas que catalizan reacciones químicas en el cuerpo. Estas reacciones son vitales para el metabolismo, la digestión, la respiración y muchas otras funciones biológicas.

- **Transporte:** algunas proteínas se encargan de transportar sustancias a través de la membrana celular o a lo largo del torrente sanguíneo. Por ejemplo, la hemoglobina es una proteína que transporta oxígeno desde los pulmones hasta los tejidos del cuerpo.

- **Defensa:** las proteínas del sistema inmunitario, como los anticuerpos, juegan un papel crucial en la defensa del organismo contra patógenos y otras sustancias extrañas.

- **Hormonal:** las hormonas son proteínas mensajeras que regulan procesos fisiológicos en el cuerpo, como el crecimiento, el desarrollo, el metabolismo y la reproducción.

- **Regulación de la expresión génica:** algunas proteínas regulan la activación o desactivación de genes, controlando la síntesis de otras proteínas y determinando la función celular.

Figura 1.3. Alimentos proteicos.

De ellas, la función fundamental que tienen es la **función estructural**. Esto es, las utilizamos para formar células y tejidos del cuerpo (órganos, músculos, huesos, piel…), por lo que podemos comparalas con los ladrillos de una casa. Al consumir alimentos que contienen proteínas, estas se digieren en nuestro cuerpo y se absorben de forma más sencilla. En la etapa final del proceso, una vez que esas proteínas se han digerido del todo, lo que obtenemos son los aminoácidos, que penetran en las células donde se reordenan y forman las diversas proteínas que necesitamos.

Existen 20 aminoácidos distintos. Algunos podemos elaborarlos a través de otros, pero existen 9 a los que llamamos esenciales, estos son: valina, leucina, isoleucina, treonina, lisina, metionina, histidina, fenilalanina y triptófano. Estos no pueden ser sintetizados en el organismo y debemos consumirlos en la dieta de manera necesaria.

La calidad de las proteínas de los alimentos se estable según los aminoácidos esenciales que contengan. Algunos ejemplos de alimentos que contienen proteínas son la carne, el pescado, la leche y los huevos; estos contienen las llamadas proteínas de «alta calidad», ya que contienen todos los aminoácidos esenciales.

Hay otros alimentos como los cereales y las legumbres que también contienen proteínas de buena calidad, ya que contienen casi todos los aminoácidos esenciales que se complementan entre sí cuando ingerimos ambos de manera conjunta. Los frutos secos, aunque en menor medida, también contienen proteínas. Finalmente, los alimentos de origen vegetal, como las frutas, las verduras y las hortalizas a excepción de la patata, aportan poca cantidad de proteína por lo que podemos decir que sus proteínas son de baja calidad.

La cantidad de proteína que debemos ingerir a diario dependerá de varios factores, como son nuestro peso corporal, estado de salud, sexo, edad o el nivel de actividad.

Hidratos de carbono

Los hidratos de carbono también se conocen como carbohidratos o glúcidos.

La principal función de los hidratos de carbono es la de proporcionar **energía de utilización inmediata**, en este caso, podemos compararlo con la gasolina de un coche.

En general, las funciones de los hidratos de carbono en el organismo son:

- Fuente de energía: los hidratos de carbono son la principal fuente de energía para el organismo. Se descomponen en glucosa, que es utilizada por las células como fuente de energía para llevar a cabo sus funciones.

- Reserva de energía: el exceso de hidratos de carbono se almacena en forma de glucógeno en el hígado y en los músculos, para ser utilizado cuando se necesite energía adicional.

- Regulación de la glucosa en sangre: los hidratos de carbono participan en la regulación de los niveles de glucosa en sangre, evitando que estos se eleven demasiado o desciendan bruscamente.

- Favorecen la digestión: al combinarlos con fibras, ayudan a mantener un adecuado tránsito intestinal y favorecen la digestión de otros nutrientes.

- Aportan vitaminas y minerales: algunos alimentos ricos en hidratos de carbono, como las frutas y las verduras, también son fuente de vitaminas y minerales importantes para el organismo.

- Importantes para el funcionamiento del cerebro: el cerebro utiliza glucosa como su principal fuente de energía, por lo que los hidratos de carbono son fundamentales para un adecuado funcionamiento cerebral.

Según su estructura química, podemos clasificar los hidratos de carbono en:

- Simples: monosacáridos, disacáridos y oligosacáridos.

- Complejos: polisacáridos.

> Los **monosacáridos** están formados por una molécula y son los hidratos de carbono más sencillos. Los más conocidos son la glucosa, la fructosa (frutas) o la galactosa. Para poder absorber los hidratos de carbono, nuestro cuerpo debe digerirlos hasta convertirlos en estos azúcares más simples.

Figura 1.4. Las chucherías contienen grandes cantidades de azúcares cortos y de rápida absorción.

Una vez absorbidos, el organismo los utiliza para conseguir energía o los almacena en forma de glucógeno, por tanto, si no «quemamos» todos esos carbohidratos estos se almacenarán como glucógeno, pero el glucógeno solo puede almacenarse hasta un máximo; cuando lo superamos, se almacena como grasa, de ahí que el comer mucha cantidad de carbohidratos nos pueda hacer llegar a engordar.

Si se unen dos moléculas de monosacáridos, se forman los disacáridos. Por ejemplo, si unimos glucosa + fructosa, vamos a obtener una molécula de sacarosa, la glucosa + + galactosa forman la lactosa. A los mono y disacáridos se les conoce también como hidratos de carbono simples o azúcares, y son característicos por su sabor dulce. Estos hidratos de carbono de caracterizan porque, tras ingerirlos, se absorben rápidamente y, consecuentemente, el nivel de glucosa en sangre se eleva de manera rápida también, lo cual no es aconsejable en enfermedades como la diabetes.

Los **oligosacáridos** son carbohidratos formados por la unión de entre 3 y 10 monosacáridos mediante enlaces glucosídicos. Tienen diversas funciones en los organismos vivos, como servir de señalización celular, ser componentes de la estructura de las membranas celulares y actuar como prebióticos para la microbiota intestinal.

Un ejemplo de oligosacárido es la lactulosa, un disacárido formado por galactosa y fructosa unidas por un enlace β-1,4-glucosídico. La lactulosa es utilizada como prebiótico ya que no es digerida por las enzimas humanas, pero sí por las bacterias intestinales beneficiosas, lo que favorece su crecimiento y actividades metabólicas en el intestino.

Por otro lado, los **polisacáridos** se forman mediante la unión de muchos monosacáridos (también se llaman hidratos de carbono complejos). El principal ejemplo de polisacárido es el almidón. Aunque también son polisacáridos el glucógeno y la celulosa.

A diferencia de los mono y disacáridos, los polisacáridos se absorben de manera muy lenta, por lo que el aumento de glucosa en sangre es más lento después de ingerirlos. Por ello, se considera que deberían ser la fuente principal de carbohidratos en nuestra dieta. Podemos encontrarlos en alimentos como los cereales (arroz, maíz, trigo...) y sus derivados (harinas, pasta, pan...) también en las legumbres y en las patatas.

Figura 1.5. La pasta es rica en hidratos de carbono de cadena larga.

En este punto, vamos a hablar de la **FIBRA DIETÉTICA**, la cual, aunque no es un nutriente propiamente dicho, sí está compuesta por una serie de carbohidratos complejos como la celulosa, la hemicelulosa, la pectina y la lignina.

La fibra es una sustancia presente en los alimentos de origen vegetal que no puede ser digerida por el organismo humano, por lo que no tiene un aporte calórico significativo. La fibra absorbe agua lo que hace que sea gelatinosa y, además, beneficiosa para el tracto digestivo. La fibra soluble y la fibra insoluble son dos tipos de fibras dietéticas que se encuentran en los alimentos vegetales y son beneficiosas para la salud.

La **fibra soluble** se disuelve en agua y forma una sustancia gelatinosa en el intestino. Ayuda a reducir los niveles de colesterol en sangre, regula los niveles de azúcar en sangre y promueve la sensación de saciedad. Algunas fuentes de fibra soluble incluyen la avena, la cebada, frutas como las manzanas y peras, y legumbres como lentejas, entre otros.

Por otro lado, la **fibra insoluble** no se disuelve en agua y agrega volumen a las heces, promoviendo el movimiento intestinal y previniendo el estreñimiento. Algunas fuentes de fibra insoluble son la cáscara de las frutas y verduras, los granos enteros como el trigo integral, las nueces y las semillas.

Se recomienda consumir una combinación de ambos tipos de fibra para obtener todos los beneficios para la salud que proporcionan.

Las principales funciones de la fibra en el organismo son:

- Ayuda a regular el tránsito intestinal, previniendo o aliviando el estreñimiento.
- Favorece la saciedad, lo que puede ayudar a controlar el peso y prevenir la obesidad.
- Contribuye a mantener niveles saludables de glucosa en sangre, lo que es beneficioso para personas con diabetes.
- Ayuda a reducir el colesterol en sangre, disminuyendo el riesgo de enfermedades cardiovasculares.
- Favorece la salud de la microbiota intestinal, promoviendo el crecimiento de bacterias beneficiosas.

Grasas

Las grasas son un grupo muy diverso de sustancias cuya principal característica es que son insolubles en agua y tienen un aspecto aceitoso o viscoso.

Podemos asemejar la función más importante de las grasas a la despensa de una casa, ya que esta función es la de ser la principal **reserva de energía** de nuestro cuerpo. La parte negativa de las grasas está en su consumo excesivo, ya que se acumulan como tejido adiposo que, aunque sigue siendo una reserva de energía, también aumenta nuestro peso corporal.

Las grasas o lípidos tienen, en general, las siguientes funciones dentro del organismo:

- **Reserva de energía:** como ya hemos dicho, los lípidos se almacenan en forma de triglicéridos en el tejido adiposo y se utilizan como fuente de energía cuando el cuerpo los necesita.

- **Aislamiento y protección:** los lípidos forman una capa de aislamiento alrededor de las células y también actúan como protección para órganos vitales, como el corazón y los riñones.

- **Componentes estructurales:** los lípidos forman parte de las membranas celulares, proporcionando estabilidad y permitiendo el paso de sustancias entre las células.

- **Mensajeros químicos:** algunos lípidos, como las hormonas esteroides y las prostaglandinas, actúan como mensajeros químicos en el organismo, regulando procesos como el crecimiento, la reproducción y la respuesta inmunitaria.

- **Absorción de vitaminas liposolubles:** los lípidos son necesarios para la absorción de vitaminas liposolubles, como las vitaminas A, D, E y K, que son importantes para la salud y el funcionamiento del organismo.

- **Regulación del metabolismo:** los lípidos también desempeñan un papel en la regulación del metabolismo, incluida la síntesis de colesterol y ácidos grasos, así como la descomposición de grasas en energía.

Nos vamos a encontrar con varios tipos de grasas:

1. **Ácidos grasos:** forman parte de los triglicéridos. Es la composición de los ácidos grasos lo que diferencia un tipo de grasas de otro. Así tenemos:

   - **Grasas saturadas:** este tipo de grasas destacan porque suelen ser sólidas a temperatura ambiente. Las vamos a encontrar, principalmente, en productos de origen animal como son la grasa de la carne, el tocino, la mantequilla, la manteca, el queso, la yema de huevo o los lácteos enteros.

Figura 1.6. Alimento rico en grasas.

También aparecen en algunos aceites vegetales como el aceite de coco o el aceite de palma (normalmente utilizados en la fabricación de bollería industrial). Otro ejemplo de producto de origen vegetal que contiene grasas saturadas es la margarina.

El consumo excesivo de grasas de este tipo deriva en un aumento del colesterol y de los triglicéridos en sangre, lo que puede provocar un efecto nocivo para nuestra salud.

- **Grasas insaturadas:** conocemos a este tipo de grasas como las «grasas cardiosaludables», ya que su efecto en nuestro organismo es un aumento del colesterol «bueno» (HDL) y una reducción del colesterol «malo» (LDL).

Este tipo de grasas pueden ser:

- Monoinsaturadas: son las grasas que tiene el aceite de oliva (ácido graso oleico), las semillas como la soja y también los frutos secos.

- Poliinsaturadas: aquí nos encontramos con los llamados ácidos grasos omega-3 (ácido linolénico) y omega-6 (ácido linoleico), que además son ácidos grasos esenciales, por lo que, de manera obligatoria, tendremos que ingerirlos en nuestra dieta.

Figura 1.7. Aceite de oliva.

Estos ácidos grasos (ω-3 y ω-6) son de gran importancia en la alimentación de personas mayores, niños y mujeres embarazadas, ya que forman parte del crecimiento y el desarrollo del cerebro, protegen las neuronas y mejoran la memoria.

Los pescados llamados azules (sardina, salmón, atún, caballa...), las nueces, y algunos alimentos enriquecidos son ricos en ω-3. Los ω-6 los vamos a encontrar en los aceites de semillas (girasol, soja, maíz), los frutos secos y la yema de huevo.

2. **Colesterol**: el colesterol forma parte de las membranas y, además, de la síntesis de la vitamina D y de algunas hormonas, por lo que es de gran importancia en nuestro organismo, aunque no es un nutriente esencial.

Se encuentra, mayoritariamente, en los productos de origen animal como la yema de huevo, las carnes (especialmente cerdo y cordero) las vísceras animales (sesos o hígado) o lácteos enteros. También es producido por nuestro hígado.

Existen dos tipos principales de colesterol: el colesterol de lipoproteínas de baja densidad (LDL) y el colesterol de lipoproteínas de alta densidad (HDL).

El LDL es conocido como «colesterol malo» porque puede acumularse en las arterias y causar bloqueos, lo que aumenta el riesgo de enfermedades cardíacas y accidente cerebrovascular.

El HDL, por otro lado, se conoce como «colesterol bueno» porque ayuda a eliminar el exceso de colesterol de las arterias y llevarlo de vuelta al hígado para su eliminación.

Factores como la mala alimentación, la falta de ejercicio, el tabaquismo y el sobrepeso pueden contribuir a niveles anormales de colesterol en el organismo.

Las funciones del colesterol en nuestro organismo son las siguientes:

- El colesterol es fundamental para la formación de membranas celulares y juega un papel importante en la producción de hormonas como la vitamina D, los estrógenos y la testosterona.

- El colesterol también es necesario para la producción de ácidos biliares, que ayudan en la digestión de las grasas.

- El cuerpo regula cuidadosamente los niveles de colesterol en la sangre a través de un equilibrio entre la producción de colesterol en el hígado y su eliminación del organismo.

Vitaminas

Las vitaminas son sustancias orgánicas que tienen diferentes composiciones. No necesitamos mucha cantidad de vitaminas en nuestro organismo, pero estas son necesarias para el buen funcionamiento de nuestro cuerpo.

Su función es **reguladora,** ya que lo que hacen es ordenar diferentes reacciones químicas del metabolismo, al igual que haría un agente de tráfico. Aunque también ayudan en numerosas funciones como el crecimiento y desarrollo, la función inmunológica, la salud de la piel y del cabello, entre otros.

Las vitaminas se deben obtener a través de la dieta, ya que el cuerpo humano no puede producirlas en cantidades suficientes. Son necesarias en pequeñas cantidades, pero su ausencia puede causar deficiencias y problemas de salud.

Hay dos grandes grupos de vitaminas:

- Vitaminas liposolubles: son las vitaminas A, D, E y K. Reciben este nombre porque son solubles en lípidos (grasas) y necesitan de estos para poder absorberse. Las vamos a encontrar principalmente en alimentos grasos.

- Vitaminas hidrosolubles: son la vitamina C y las vitaminas del grupo B (B1, B2, B3, B5, B6, B8, B9, B12). Son solubles en agua.

Algunas de las vitaminas más importantes para el organismo son:

- Vitamina A: importante para la salud de la piel, la visión y el sistema inmune.

- Vitamina C: antioxidante que ayuda a prevenir enfermedades, promueve la absorción de hierro y favorece la producción de colágeno.

- Vitamina D: necesaria para el metabolismo del calcio y el mantenimiento de huesos y dientes saludables.

- Vitamina E: antioxidante que protege las células del daño causado por los radicales libres.

- Vitamina K: esencial para la coagulación sanguínea y la salud de los huesos.

La acción del calor, la luz, el aire o la humedad puede hacer que las vitaminas pierdan su actividad. Como resultado, las vitaminas se pierden en diferentes cantidades durante el proceso de cocinado de los alimentos.

Sales minerales

Las sales minerales son sustancias inorgánicas. Tienen diferentes funciones, aunque, al igual que las vitaminas, destacan por ser capaces de regular muchos procesos del metabolismo, así también podemos asemejarlas a un agente de tráfico.

Algunas de esas funciones son:

- **Regulación del equilibrio hídrico:** las sales minerales como el sodio, el potasio y el cloruro ayudan a mantener el equilibrio de líquidos en el organismo y contribuyen a la regulación de la presión arterial.

- **Contracción muscular:** el calcio, el potasio y el magnesio son importantes para el funcionamiento adecuado de los músculos, incluyendo el corazón.

- **Formación de huesos y dientes:** el calcio, el fósforo y el magnesio son fundamentales para la formación y mantenimiento de huesos y dientes fuertes.

- **Transmisión de impulsos nerviosos:** el sodio, el potasio y el calcio son esenciales para la transmisión de señales nerviosas en el cuerpo.

■ **Regulación del pH:** las sales minerales como el bicarbonato y los fosfatos ayudan a mantener el equilibrio ácido-base en el cuerpo.

■ **Transporte de nutrientes:** el hierro es esencial para el transporte de oxígeno a través de la hemoglobina en la sangre.

Figura 1.8. Algunas de las vitaminas y minerales de los alimentos.

Las vamos a encontrar principalmente en frutas, verduras y hortalizas, aunque también en carnes, pescados, legumbres y huevos.

Se clasifican en macronutrientes, de los que necesitamos mucha cantidad como fósforo (P), potasio (K), calcio (Ca) y magnesio (Mg), y oligoelementos (necesitamos poca cantidad) que son entre otros el flúor (F), selenio (Se), hierro (Fe), cobre (Cu), zinc (Zn) y yodo (I).

Una deficiencia o exceso de minerales en el organismo puede conducir a una serie de problemas de salud, como osteoporosis, anemia, debilidad muscular y trastornos del sistema nervioso.

Para garantizar un adecuado equilibrio de minerales en el organismo, es importante seguir una dieta equilibrada que incluya una variedad de alimentos ricos en minerales. Además, en algunos casos, puede ser necesario recurrir a suplementos minerales para satisfacer las necesidades nutricionales específicas. Es importante consultar a un profesional de la salud antes de comenzar a tomar suplementos minerales, ya que un exceso de ciertos minerales también puede ser perjudicial para la salud.

▶ ACTIVIDAD 1.1

Con la ayuda de internet, investiga y crea un cuadro en el que aparezcan las principales vitaminas y sales minerales, en qué alimentos concretos se encuentran y en qué mecanismos de nuestro organismo se encuentran implicadas.

RECUERDA

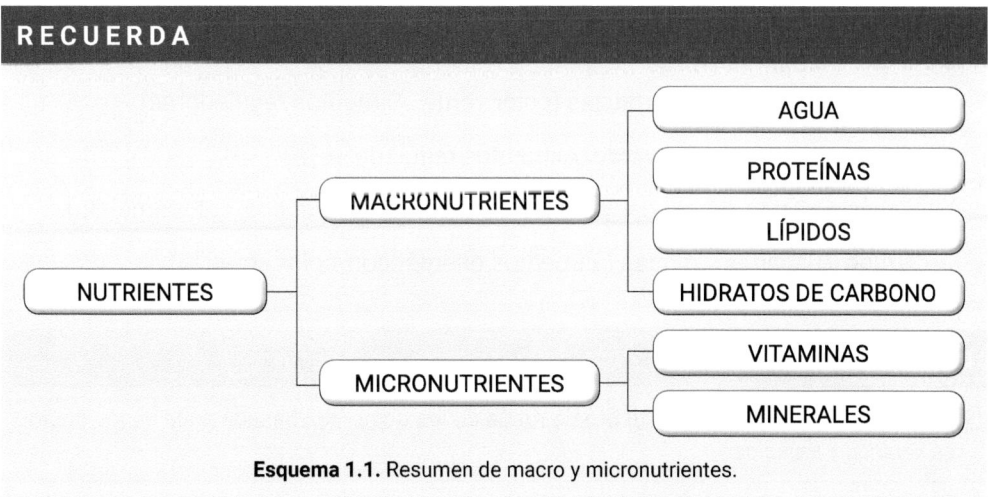

Esquema 1.1. Resumen de macro y micronutrientes.

Otra clasificación de los nutrientes que podemos encontrarnos es la basada en su función. Así nos vamos a encontrar alimentos plásticos o formadores, alimentos energéticos y alimentos reguladores. Los nutrientes tienen también otras funciones no específicas como puede ser el aumento de las defensas naturales del organismo frente a agentes infecciosos.

- **Alimentos plásticos o formadores,** cuya función es la de formar, repasar y reponer tejidos. En ellos hay, sobre todo, proteínas (leche y derivados, carnes, pescados, huevos y legumbres).

- **Alimentos energéticos,** que nos ayudan en nuestra actividad física y metabolismo, entre otras cosas. Predominan los hidratos de carbono (HC) y las grasas; los alimentos que los contienen son, fundamentalmente:

  - Hidratos de carbono: cereales (harinas, pan, arroz, pastas), legumbres (garbanzos, habichuelas...).

  - Grasas: aceites, mantequillas, tocino y carnes grasas.

- **Alimentos reguladores,** que aportan elementos imprescindibles para regular el funcionamiento de los procesos orgánicos. Destacan las vitaminas y minerales, y son, fundamentalmente, frutas, verduras y hortalizas, aunque también se encuentran en los alimentos plásticos y energéticos.

Los doctores Vivanco y Palacios en su libro *Alimentación y nutrición* (Gráficas Cóndor, 1964) diseñaron la **RUEDA DE LOS ALIMENTOS** dividiendo en 7 grupos los alimentos y dándole un color a cada grupo dependiendo de cuál fuese su función prioritaria, así quedaría:

- Grupo 1: Leche y derivados (rojo porque son alimentos plásticos).

- Grupo 2: Carnes, pescados y huevos (rojo porque son alimentos plásticos).

- Grupo 3: Patatas, frutos secos y legumbres (color naranja).

- Grupo 4: Verduras y hortalizas (color verde. Alimentos reguladores).

- Grupo 5: Frutas (color verde. Alimentos reguladores).

- Grupo 6: Cereales, azúcar y pastas (alimentos energéticos, color amarillo).

- Grupo 7: Aceites y grasas (alimentos energéticos, color amarillo).

▶ ACTIVIDAD 1.2

Con la ayuda de internet, crea tu propia rueda de los alimentos basada en la de los doctores Vivanco y Palacios.

1.3. Alimentación saludable

Es necesario elaborar una dieta equilibrada, esto es, una dieta que incluya alimentos de todos los grupos en la proporción adecuada para cubrir las necesidades del organismo de una forma adecuada, ya que ningún alimento nos proporciona todos los nutrientes en las cantidades que necesitamos (a excepción de la lactancia materna o las fórmulas que la sustituyen).

Para mantener un equilibrio nutricional saludable, existen tres reglas fundamentales:

1. Los alimentos deben aportar suficiente energía para compensar el gasto energético, sin excesos ni carencias. Debemos ajustar nuestras necesidades energéticas en función de nuestro biotipo y mantener un peso corporal constante.

2. Para satisfacer las necesidades de todos los nutrientes, la dieta debe ser variada e incluir alimentos de todos los grupos.

3. Es necesario mantener un cierto equilibrio:

    - Los glúcidos (azúcares) representan del 55 al 60 % de la energía total.

    - Lípidos (grasas): el 30 % de la energía total.

    - Proteínas: 10 % de la energía total.

Por lo tanto, podemos resumir que:

- **Glúcidos:** representan más del 50 % de la energía consumida. Solo el 10 % de estos deben consumirse como azúcares simples. La mayor parte de esta energía será proporcionada por los almidones (cereales, legumbres y tubérculos...).

- **Lípidos:** del 30 % de ingesta recomendada, 2/3 deberían ser grasas vegetales y 1/3 debería ser de origen animal.

- **Proteínas:** en este caso, se recomienda consumir proteínas vegetales y animales a partes iguales. No son sustituibles en la dieta, ya que las proteínas nos aportan los aminoácidos que necesitamos para formar nuestras propias proteínas.

- **Minerales y vitaminas:** principalmente, debemos satisfacer las necesidades de vitaminas A, B1, B2, B3 y C, así como las de calcio (Ca) y hierro (Fe).

- **Agua:** en general, las personas adultas necesitarán aproximadamente 3 litros de agua al día, de los cuales, al menos 1,5 litros deberán ser ingeridos como agua de bebida.

Equilibrio alimentario cualitativo y cuantitativo

Para conseguir una **alimentación equilibrada cualitativamente,** hay que tomar un determinado número de raciones de cada grupo de alimentos. De esta forma, conseguimos el llamado equilibrio cualitativo de la dieta, que es suficiente para una población sana. Una ración alimentaria es la cantidad de ese alimento que habitualmente suele consumirse.

Para conseguir un **equilibrio cuantitativo,** deberemos recurrir a las tablas de composición de los alimentos. Estas tablas expresan la cantidad de energía y de nutrientes que hay en 100 gramos del alimento considerando, normalmente, el alimento crudo y descontando el desperdicio. Pueden aparecer diferencias nutritivas en un mismo alimento por razones de crianza de ganado, por razones climáticas, de suelo o de maduración en el momento de la recogida.

La Agencia Española de Seguridad Alimentaria y Nutrición (AESAN), en su publicación de diciembre de 2022 titulada *Recomendaciones dietéticas saludables y sostenibles,* nos da una serie de pautas para conseguir una alimentación saludable tales como:

- Consume un mínimo de cinco raciones diarias de frutas y hortalizas (al menos tres de hortalizas y 2-3 de frutas).

- Cada ración de hortalizas será de unos 150-200 gramos y cada ración de fruta será de unos 120-200 gramos. Los zumos de frutas no sustituyen a las frutas enteras.

- Consume, siempre que sea posible, alimentos de temporada, de proximidad, mínimamente procesados, productos a granel o en envases reciclables.

- Por su elevada cantidad de hidratos de carbono de digestión rápida, consume de manera moderada patatas y otros tubérculos (ración de unos 150-200 gramos).

- Consume cereales integrales. Estos reducen los riesgos de algunas enfermedades como las cardiovasculares o la diabetes tipo 2, además de otras enfermedades, y ayudan en el control de peso ya que son ricos en fibra (que aumenta la sensación de saciedad) y el almidón (carbohidratos de liberación lenta)

- Las raciones más idóneas serían 3-6 al día si tienes una vida activa y no más de cuatro si necesitas reducir el consumo de calorías.

- Consume, al menos, cuatro raciones de legumbres a la semana (50-60 gramos en seco o 170 gramos ya preparadas).

- Se recomienda el consumo de tres o más raciones (20-30 gramos o un puñado que permita cerrar la mano) de frutos secos a la semana. Estos serán sin sal, grasas ni azúcares añadidos. Deben equilibrarse con el consumo de otros alimentos que también tengan un importante aporte calórico.

- Consume, al menos, tres raciones (125-150 gramos) a la semana de pescado, priorizando siempre el pescado azul. El pescado congelado y en conserva tienen un valor nutricional similar al fresco.

- El consumo de huevos se hará con moderación y según las necesidades de cada individuo con un máximo recomendado de cuatro huevos medianos a la semana (53-63 gramos de peso).

- Evita combinar el huevo con alimentos ricos en grasas saturadas (carnes procesadas) y con harinas refinadas (pan blanco).

- El consumo de huevos es muy recomendable durante el embarazo y la lactancia por su alto aporte nutricional y su facilidad de consumo.

- Se recomienda consumir un máximos de tres raciones diarias de lácteos. Una ración equivale a un vaso de leche (200-250 ml), 85-125 gramos de queso fresco, 40-60 gramos de queso curado o 125 gramos de yogur (una unidad). Se sugiere, además, reducir el número de raciones diarias si se consumen otros alimentos de origen animal.

- En cuanto a la carne, la recomendación es la de consumir de cero a un máximo de tres raciones (una ración equivale a 100-125 gramos) a la semana priorizando el consumo de carne blanca de aves y conejo, y minimizando el consumo de carne procesada.

- Utiliza aceite de oliva en todas las comidas como aliño o como preparación. Una ración equivale a 10 ml de aceite o lo que es lo mismo una cucharada sopera. Adapta su consumo a tus necesidades energéticas.

- El agua siempre va a ser la bebida de elección en una dieta saludable.

- Evita consumir alimentos procesados con alto contenido en azúcares, grasas y sal (consulta la información nutricional de los envases).

- Reduce el consumo de grasas saturadas como mantequilla y otras grasas animales.

- Según las recomendaciones de la Organización Mundial de la Salud, el consumo de sal, tanto la añadida como la que está presente en los alimentos, no debe superar los 5 gramos al día y la sal de mesa deberá ser yodada.

- Minimiza o evita las bebidas azucaradas y edulcoradas para no potenciar el gusto por los sabores dulces.

- En cuanto a las bebidas energéticas se debe reducir su consumo en la población adulta y evitarlo en menores de 18 años y en embarazadas.

- Todas estas recomendaciones deben complementarse con actividad física (según los rangos de edad), ya que esta previene y mejora el control de enfermedades y mejora el bienestar general tanto físico como mental.

- En cuanto al cocinado de los alimentos, evita los fritos y prioriza alimentos al vapor, cocinados en el microondas o en los diferentes tipos de cocción, al horno o a la plancha.

- Para mantener una dieta saludable también es importante tener en cuenta algunas pautas a la hora de comer: ajusta lo que comes a la energía que gastas, come despacio y con tranquilidad y prioriza alimentos frescos.

RECUERDA

Para llevar una dieta saludable:

- Consume cinco raciones de fruta y verdura diarias.

- Reduce el consumo de carnes rojas y procesadas y da preferencia a las carnes blancas y de conejo.

- Consume, al menos, tres raciones semanales de pescado, sobre todo, pescado azul.

- El consumo de huevos, se hará con moderación, dependiendo de las necesidades de cada individuo.

- Consume lácteos en todas su variantes, leche, yogur, quesos...

- De preferencia, consume alimentos de temporada.

- Ajusta lo que comes a la energía que gastas.

Hasta hace poco tiempo, se ha utilizado la pirámide nutricional (o pirámide de los alimentos) para conocer qué alimentos deberían formar parte de nuestra alimentación diaria y cuáles deberíamos consumir de manera moderada, pero de un tiempo a esta parte se ha comenzado a utilizar el llamado **plato de Harvard** o **plato para comer saludable** para ilustrar cómo debería ser una dieta sana y equilibrada con el fin de combatir la obesidad y el sobrepeso en la población.

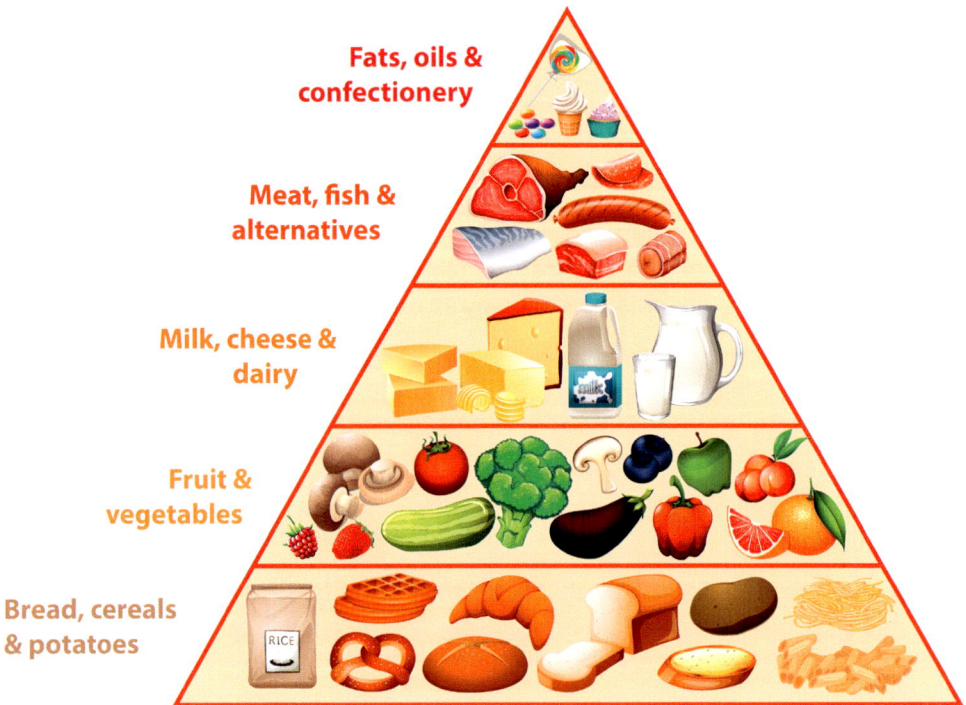

Figura 1.9. Pirámide de los alimentos.

El plato de Harvard fue creado en el año 2011 por expertos en nutrición de la Escuela de Salud Pública de Harvard y por los editores en Publicaciones de Salud de Harvard. Consiste en una guía para crear comidas saludables y equilibradas válida tanto para niños como para adultos.

Aunque no es necesario aplicar de manera obligatoria esta distribución en cada comida, nos puede servir como base para el reparto de los nutrientes durante el día y en las principales comidas y tanto en nuestra casa, como en el trabajo, en el colegio o cuando comemos en un restaurante ya que, a diferencia de la complejidad que puede presentar la pirámide de los alimentos, el plato de Harvard nos presenta, de una manera sencilla, cómo organizar una comida o una cena de forma equilibrada.

La clave del plato de Harvard se encuentra en las proporciones de alimentos que ingerimos. Da una gran importancia a las hortalizas y las verduras y, además, indica cómo deben distribuirse en relación con carne, pescado, tubérculos y cereales, dándoles la siguiente asignación:

- El peso está en la fruta y la verdura, siendo estos un 50 % de nuestra dieta a diferencia de la pirámide alimentaria que incluía en la base los hidratos de carbono.

- El agua siempre será la bebida de referencia. En el plato de Harvard no aparece el alcohol a diferencia de lo sucedido en la pirámide de los alimentos donde suele aparecer el alcohol, representado por una copa de vino y una de cerveza en lo alto de la misma dándole un consumo ocasional y moderado. Esto no quiere decir que en este caso se prohíba el consumo de alcohol, si no que este no debería aparecer en el modelo de una alimentación saludable.

- Los hidratos de carbono dejan de ser los protagonistas de la alimentación, incluso si estos son refinados, desaparecen por completo siendo los cereales integrales los que ocupan la primera posición en una dieta saludable, ya que estos sacian más y por lo tanto nos ayudan a consumir la energía necesaria. Los cereales integrales representarán el 25% de nuestra dieta diaria.

- En cuanto a la leche y los lácteos, en la pirámide se incluían dos o tres raciones diarias, sin embargo, ahora, se recomiendan solo una o dos raciones por lo que ni siquiera aparecen representadas en el dibujo.

- En cuanto a las proteínas, se da prioridad a los pescados, las aves y las legumbres frente a las carnes rojas.

- Los ultraprocesados desaparecen totalmente del plato. En la pirámide nutricional aparecían coronando la misma y con una pauta de consumo ocasional, lo cual podía interpretarse como que a lo largo del día debíamos tomar un refresco y unas cuantas galletas, lo que es un error.

- Las grasas siguen estando presentes, pero vamos a escoger cuales ingerimos. Esto quiere decir que sí consumiremos aceite de oliva, pondremos límites a la margarina y diremos un no rotundo a las grasas trans.

Figura 1.10. Representación del plato de Harvard.

1.4. La dieta: factor ambiental, cultural y económico

Por definición, la alimentación es el proceso por el cual buscamos y seleccionamos (según su disponibilidad) los alimentos necesarios para mantener la vida, los preparamos según los vayamos a utilizar o según nuestras costumbres y, finalmente, los ingerimos.

La alimentación es, por tanto, un proceso voluntario y educable.

Varios factores externos influyen en el comportamiento alimentario de una sociedad, influyendo en el tipo de alimentos que consumen y compran. Las tradiciones, el nivel cultural, la situación económica, el vivir solo o acompañado, el tiempo para cocinar o incluso nuestra religión son algunos de estos factores.

1. **Hábitos alimentarios:** normalmente son adquiridos en la infancia y son difíciles de modificar. Nos interesa saber cuáles son los hábitos alimenticios del lugar donde vayamos a planificar el menú para, basándonos en ellos, construir dicho menú.

2. **Factor religioso:** muy importante en determinados países y religiones como puede ser el no comer carne de vacuno en el hinduismo o carne de cerdo en el judaísmo, el islam o las sectas adventistas cristianas.

3. **Aspecto físico de los alimentos:** «comemos con la vista»; sobre todo a niños, ancianos y enfermos les influye en gran medida la forma, el color, el sabor, el olor o incluso la presentación del alimento.

4. **Factores psíquicos del individuo:** en cada cultura se toman preferentemente unos alimentos y las personas pueden tener un impedimento de tipo psíquico cultural, por el que no acepten como alimento sustancias consumidas por individuos de otras culturas.

5. **Aspecto económico:** el nivel económico de una población influye en cómo se alimenta. Las poblaciones ricas tienen gran capacidad para proveerse de alimentos, aunque no siempre estén bien alimentadas (exceso de azúcares refinados, grasas y carnes); el nivel de vida inferior conlleva dietas más monótonas y carentes, a veces, de nutrientes esenciales, siendo incluso de baja calidad higiénico-sanitaria y nutritiva.

6. **Hábitat:** el medio geográfico está ligado al clima y este influye en el tipo de alimentos y en la alimentación. En zonas frías se consumen más carnes y grasas, y en zonas cálidas abundan más los vegetales.

7. **Red de comercialización de los alimentos:** la publicidad en los medios de comunicación está llevando a un consumismo excesivo y a la ingesta de alimentos muy calóricos y de escaso valor nutritivo.

8. **Cambios en los modelos de familia:** familias más pequeñas que antes, personas que viven solas, e incluso el trabajo de la mujer fuera de casa han contribuido al cambio alimentario.

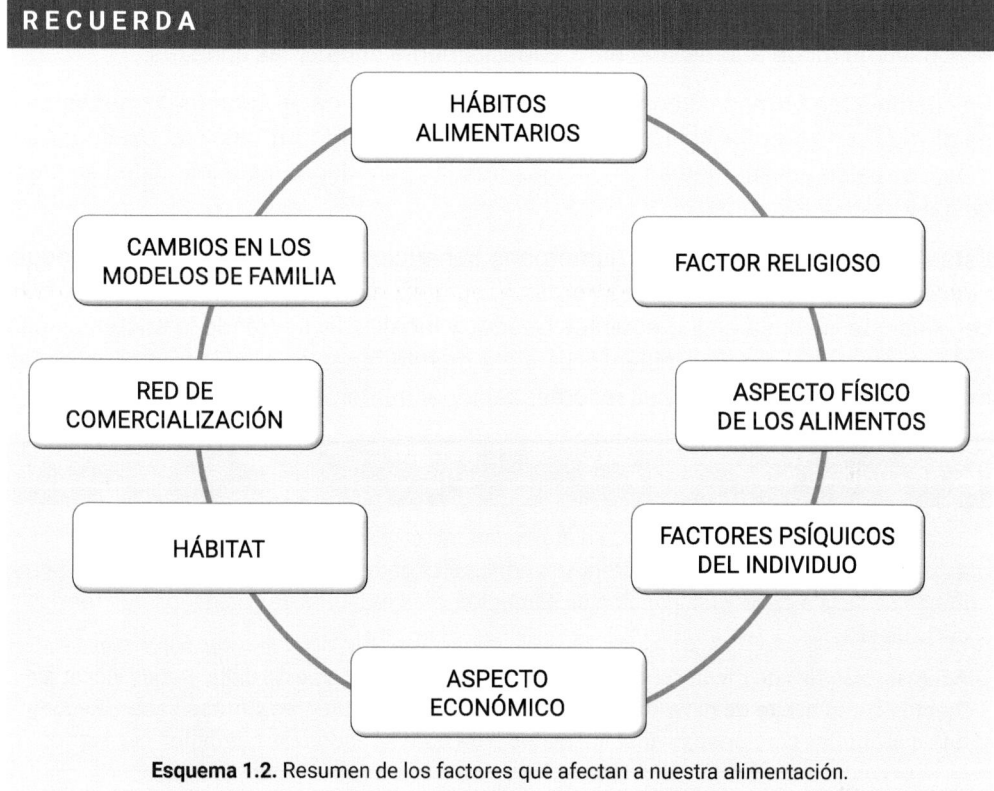

Esquema 1.2. Resumen de los factores que afectan a nuestra alimentación.

La dieta mediterránea

La dieta mediterránea es un patrón alimentario tradicional de los países que rodean el mar Mediterráneo, como España, Italia, Grecia o Turquía. Se caracteriza por ser rica en frutas, verduras, legumbres, cereales integrales, frutos secos, pescado, aceite de oliva y moderada en consumo de carne roja, productos lácteos y alcohol, principalmente vino tinto.

Algunas de las características principales de la dieta mediterránea son:

- Consumo elevado de frutas y verduras frescas.

- Priorización de alimentos de origen vegetal sobre alimentos de origen animal.

- Consumo diario de cereales integrales, como el pan y la pasta.

- Consumo regular de legumbres, como garbanzos, lentejas y judías.

- Consumo frecuente de pescado, sobre todo pescado azul rico en ácidos grasos omega-3.

- Uso de aceite de oliva como fuente principal de grasa en la cocina.

- Consumo moderado de productos lácteos, como yogur y queso.

- Consumo moderado de vino tinto, especialmente durante las comidas.

En cuanto a las formas de cocinado, la dieta mediterránea se caracteriza por la cocina al vapor, a la parrilla, al horno o al microondas, evitando frituras y rebozados. Además, se suelen utilizar hierbas y especias frescas para dar sabor a los platos en lugar de sal y grasas saturadas.

Esta dieta se ha asociado con numerosos beneficios para la salud, como la reducción del riesgo de enfermedades cardiovasculares, diabetes y algunos tipos de cáncer. Además, se basa en ingredientes frescos y locales, fomentando la sostenibilidad y el respeto por el medio ambiente. La dieta mediterránea es considerada una de las más saludables del mundo y es recomendada por numerosos expertos en nutrición.

▶ ACTIVIDAD 1.3

Indaga un poco más en relación a la dieta mediterránea y escribe un informe sobre ella donde destaques de forma más concreta sus principales características, el entorno geográfico donde se lleva a cabo y los principales alimentos y las maneras de cocinarlos que forman parte de ella.

Además, planifica un menú semanal siguiendo los principios de esta dieta. Debes incluir alimentos como aceite de oliva, pescado, frutas, verduras, legumbres y frutos secos. Recuerda equilibrar las porciones y variar los platos para obtener todos los nutrientes necesarios.

1.5. Hábitos, modos y comportamiento alimentario

Creamos nuestros hábitos alimentarios en función de multitud de factores, la sociedad en la que vivimos, nuestras creencias, nuestro nivel económico, nuestros gustos y, sobre todo, creamos estos hábitos alimenticios en casa, con nuestra familia y estos nos van a acompañar durante toda nuestra edad escolar, donde se verán reforzados.

Estos hábitos, en ocasiones, pueden modificarse por el entorno social en el que nos movamos y por las presiones comerciales a las que nos vemos sometidos diariamente, llegando incluso a no considerar que una alimentación inadecuada se puede convertir en un factor de riesgo para nuestra salud.

Por todo esto, es necesario concienciar y reforzar la importancia de la alimentación como instrumento para la prevención de enfermedades y como elemento favorecedor de la calidad de vida a través de:

- La desmitificación de lo «natural», «casero», «rústico»... como garantía de calidad y seguridad alimentaria.

- La oposición a aceptar una estética que vaya contra la buena salud, eliminando como cánones de belleza y modernidad la delgadez extrema y patológica como válidos.

- El saber que existe una relación entre el exceso o defecto de consumo de nutrientes y sus patologías resultantes, y la inquietud de los consumidores por los nuevos alimentos y las nuevas tecnologías de fabricación y envasado.

- Los conocimientos del consumidor sobre nutrición/alimentación pueden reforzar hábitos adecuados debido a la información que incorpora el etiquetado de los productos.

- El análisis crítico de los medios de comunicación y de la publicidad para contrarrestar su influencia en la compra de los alimentos.

- La responsabilidad de las empresas de restauración conocedoras de la función que cumplen haciendo valer las normas de higiene de la manipulación de los alimentos.

Modificar nuestros hábitos alimentarios es posible, especialmente en las primeras etapas de la vida, por eso es importante la inclusión de la alimentación como elemento educativo. De la misma manera, la participación de la familia es esencial tanto para fomentar los cambios como para mantenerlos.

En resumen, para lograr cambios definitivos en nuestros hábitos y comportamientos, es esencial la participación de todos los involucrados.

RECUERDA

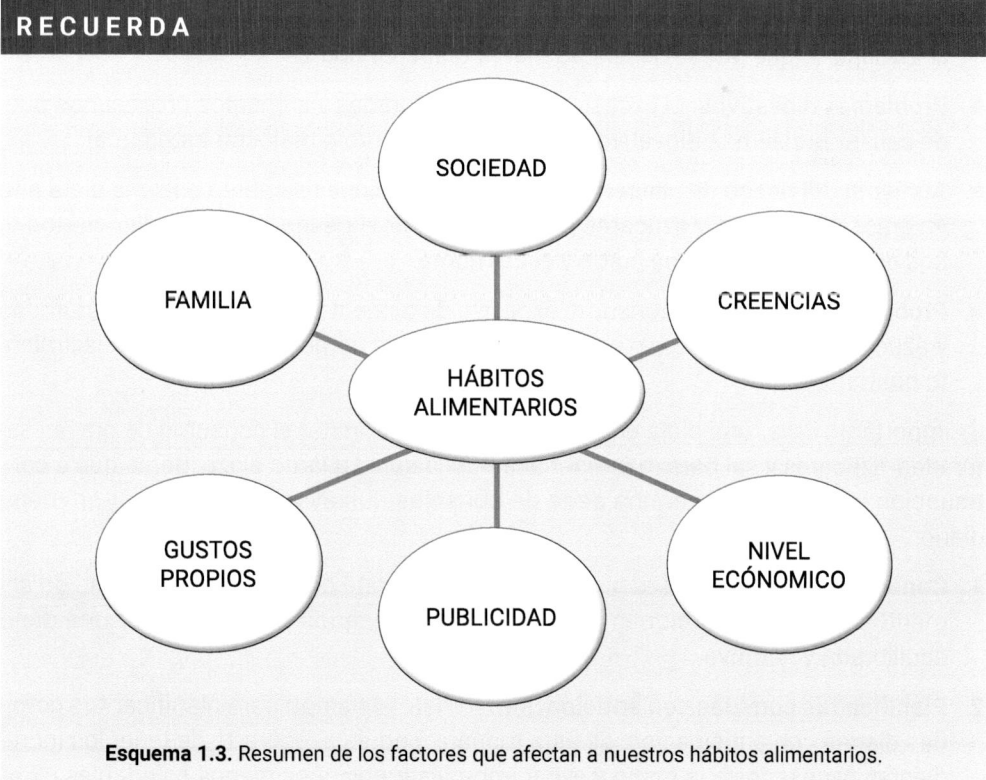

Esquema 1.3. Resumen de los factores que afectan a nuestros hábitos alimentarios.

1.6. Planificación dietética de la carta y *marketing* alimentario

Nuestro estilo de vida actual nos lleva a dedicar menos tiempo a planificar una alimentación saludable y equilibrada, lo que implica reducir la compra de alimentos y la distribución horaria de nuestras comidas, en muchas ocasiones de manera irracional, lo que tiene un impacto negativo en nuestro estado nutricional y, por lo tanto, en nuestra salud.

Durante los últimos años, el consumo de aperitivos, productos de elaboración industrial y precocinados, tales como postres, pastelería o bollería industrial, ha ido en aumento. Todos estos alimentos nos aportan más grasas saturadas, más sal y sobre todo más azúcares. Las consecuencias de ingerir en exceso grasas saturadas, azúcares y sal pueden incluir:

- **Aumento de peso:** consumir grandes cantidades de grasas saturadas, azúcares y sal puede provocar un aumento de peso debido a su alto contenido calórico y a la tendencia a consumir alimentos procesados y calóricos.

- **Problemas cardiovasculares:** las grasas saturadas pueden aumentar los niveles de colesterol LDL (colesterol malo) en la sangre, lo que aumenta el riesgo de enfermedades cardíacas. El exceso de sal puede elevar la presión arterial, lo que también aumenta el riesgo de enfermedades cardiovasculares.

- **Diabetes tipo 2:** el consumo elevado de azúcares puede llevar a una resistencia a la insulina, lo que puede desencadenar la diabetes tipo 2.

- **Problemas digestivos:** el exceso de grasas saturadas y alimentos procesados puede causar problemas digestivos como estreñimiento o malestar estomacal.

- **Aumento del riesgo de cáncer:** algunas investigaciones sugieren que una dieta alta en grasas saturadas y azúcares puede aumentar el riesgo de desarrollar ciertos tipos de cáncer, como el de colon y el de mama.

- **Problemas de la piel:** el consumo excesivo de alimentos ricos en grasas saturadas y azúcares puede empeorar condiciones de la piel como el acné y el envejecimiento prematuro.

Es importante llevar una dieta equilibrada y variada, y limitar el consumo de grasas saturadas, azúcares y sal para mantener una buena salud a largo plazo, por lo que a continuación vamos a exponer una serie de consejos que ayuden a planificar un menú diario:

1. **Considera tus necesidades nutricionales:** asegúrate de incluir una variedad de alimentos que te proporcionen los nutrientes necesarios para mantener una dieta equilibrada y nutritiva.

2. **Planifica tus comidas con anticipación:** tomate el tiempo para planificar tus comidas diarias con anticipación; de esta manera, podrás asegurarte de tener los ingredientes necesarios a la mano y evitar improvisar opciones menos saludables.

3. **Incluye alimentos de todos los grupos:** asegúrate de incluir alimentos de todos los grupos alimenticios, como frutas, verduras, proteínas, granos enteros y lácteos, para obtener una variedad de nutrientes en tu dieta diaria.

4. **Varía tus opciones:** trata de incluir una variedad de alimentos en tu menú diario para obtener diferentes nutrientes y evitar el aburrimiento en tus comidas.

5. **Ingiere las porciones adecuadas:** considera tus necesidades calóricas y porciones adecuadas para cada comida y trata de mantener un equilibrio entre tus necesidades energéticas y tus objetivos de salud.

6. **Mantén un equilibrio adecuado:** trata de incluir una combinación de proteínas, carbohidratos, grasas saludables y fibra en cada comida para mantener un equilibrio en tu dieta diaria.

7. **Escoge opciones saludables:** trata de evitar alimentos altos en calorías, grasas saturadas, azúcares agregados y sodio, y en su lugar opta por alimentos frescos, naturales y sin procesar. Además de incluir siempre ALIMENTOS DE TEMPORADA.

8. **Escucha a tu cuerpo:** presta atención a las señales que te envía tu cuerpo para adaptar tu planificación según tus necesidades individuales y preferencias alimenticias.

▶ ACTIVIDAD 1.4

Busca, con la ayuda de internet, las frutas y verduras de cada temporada del año. Guarda esa información para más adelante en este curso.

Una planificación para un menú saludable podría ser la siguiente:

Desayuno:

Teniendo en cuenta siempre la variedad de alimentos incluidos, la cantidad y las porciones adecuadas, un ejemplo de desayuno saludable podría ser el que incluya:

- Una fuente de proteína: pudiendo optar por huevos cocidos, revueltos o en forma de tortilla, yogur bajo en grasa o proteínas vegetales como tofu, seitán o tempeh (producto elaborado a partir de semillas de soja fermentadas).

- Una fuente de carbohidratos saludables: incluirá frutas frescas, como plátano, fresas, arándanos o rodajas de manzana, avena, cereal integral o pan integral.

- Una fuente de grasas saludables: como por ejemplo aguacate, frutos secos, semillas de chía, linaza o aceite de oliva.

- Una bebida saludable: agua, infusión de té o café sin azúcar, leche baja en grasa o leche de origen vegetal sin azúcar añadido.

Figura 1.11. Porción de tempeh.

Comida:

Teniendo en cuenta los siguientes pasos y planificando con antelación las comidas, se puede garantizar una alimentación saludable y equilibrada.

- Escoger alimentos frescos y naturales: priorizando alimentos frescos, como frutas, verduras, granos enteros, proteínas magras y grasas saludables.

- Incluir una porción de proteína: proteínas como pollo, pescado, legumbres, tofu o carne magra son importantes para mantener la saciedad y brindar los nutrientes necesarios.

- Añadir una variedad de vegetales: los vegetales son ricos en fibra, vitaminas y minerales, por lo que es importante incluir una variedad de colores y tipos en tu comida.

- Incorporar granos enteros: los granos enteros como arroz integral, quinoa, avena o pan integral son una buena fuente de fibra y otros nutrientes esenciales.

- Limitar el consumo de alimentos procesados: evitar alimentos procesados, ricos en azúcares, grasas saturadas y aditivos químicos.

- Controlar las porciones: es importante controlar las porciones para garantizar un equilibrio calórico adecuado.

- Preparar los alimentos de manera saludable: se deberá optar por métodos de cocción saludables como hornear, asar a la parrilla o cocinar al vapor en lugar de freír.

- Asegurarse de incluir todos los grupos de alimentos incluyendo una fuente de cada grupo de alimentos en cada comida para obtener todos los nutrientes necesarios.

Cena:

La clave para planificar una cena saludable es elegir alimentos equilibrados que proporcionen los nutrientes necesarios para una alimentación equilibrada. Algunas sugerencias para planificar una cena saludable pueden ser:

- Incluir una fuente de proteínas: las proteínas son esenciales para el crecimiento y reparación de tejidos, por lo que es importante incluir una fuente de proteínas en la cena. Pudiendo optar por pescado, pollo, carne magra, tofu o legumbres.

- Agregar verduras: las verduras son ricas en vitaminas, minerales y fibra, por lo que es importante incluirlas en la cena. Se puede optar por verduras frescas, como brócoli, zanahorias, espinacas o calabacín, o verduras congeladas para facilitar su preparación.

- Incluir una fuente de carbohidratos: los carbohidratos son la principal fuente de energía para nuestro cuerpo, por lo que es importante incluir una fuente de carbohidratos en la cena. Se pueden añadir granos enteros, como arroz integral, quinoa o pasta integral, o patatas dulces.

- Limitar las grasas saturadas y los alimentos procesados: es importante limitar el consumo de alimentos procesados y grasas saturadas en la cena, ya que pueden contribuir a enfermedades crónicas como la obesidad y enfermedades cardiovasculares. Además, debemos optar por cocinar con aceites saludables como el aceite de oliva y limitar el consumo de alimentos fritos y alimentos procesados.

1.6.1. *Marketing* alimentario

El *marketing* es el conjunto de estrategias y técnicas que tienen como objetivo identificar, anticipar y satisfacer las necesidades y deseos de los consumidores, con el fin de promover la venta de productos, servicios o ideas.

Algunas de las funciones del *marketing* son:

- Investigación de mercado: consiste en la recopilación y análisis de información sobre el mercado, los consumidores, la competencia y las tendencias, con el fin de identificar oportunidades y amenazas.

- Segmentación de mercado: consiste en dividir el mercado en diferentes segmentos, con características y necesidades similares, para poder diseñar estrategias de marketing específicas para cada uno.

- Posicionamiento de marca: consiste en crear una imagen y una percepción positiva de la marca en la mente de los consumidores, diferenciándola de la competencia.

- Planificación estratégica: consiste en definir los objetivos y metas de marketing, así como en diseñar las estrategias y acciones que permitirán alcanzarlos de manera eficaz.

- Desarrollo de productos y servicios: consiste en identificar las necesidades y deseos de los consumidores, y en diseñar productos y servicios que satisfagan esas necesidades.

- Promoción y publicidad: consiste en comunicar de manera efectiva los beneficios y ventajas de los productos o servicios a través de diferentes medios y canales.

- Fidelización de clientes: consiste en mantener una relación cercana y duradera con los clientes, para aumentar su lealtad a la marca y favorecer la recompra.

De manera resumida, podemos decir que el marketing abarca un amplio conjunto de actividades que tienen como objetivo influir en las decisiones de compra de los consumidores, para lograr el crecimiento y la rentabilidad de la empresa.

El *marketing* alimentario es una estrategia de comercialización que se enfoca en la promoción y venta de productos y servicios relacionados con la alimentación. Su objetivo es crear una imagen positiva de los productos alimenticios, aumentar su demanda y fidelizar a los clientes. Este tipo de marketing se utiliza en la industria alimentaria para generar interés en los consumidores y aumentar las ventas de alimentos y bebidas. Incluye la publicidad, promociones, *branding,* relaciones públicas, eventos, entre otros, para comunicar de manera efectiva las características y beneficios de los productos alimentarios.

La primera idea que debemos fijar es que las cadenas de distribución de alimentos son, en gran medida, responsables de fomentar unos hábitos de vida saludables entre los consumidores, valiéndose del *marketing.*

Además, la publicidad influye de manera notable en los hábitos alimenticios de los consumidores de todas las edades, con los efectos a la salud que eso conlleva. En los últimos tiempos hemos visto cómo han aparecido nuevos alimentos funcionales que nos aseguran un claro beneficio para la salud como los que mejoran el tránsito intestinal, aquellos bajos en grasa o en azúcar, o los que fortalecen nuestro sistema inmunológico, entre otros.

La publicidad es el medio encargado de hacer llegar al consumidor las bondades de este tipo de productos, pero en muchas ocasiones la información se recibe de manera distorsionada, provocando la confusión de los consumidores. Además, se suma el hecho de que muchas marcas emplean la publicidad de forma engañosa para vender sus productos.

Figura 1.12. Ejemplo de alimento sin azúcar.

1.7. Segmentos de mercado y oferta dietética

Los compradores/consumidores forman el mercado. Dependiendo de una serie de variables que los diferencian unos de otros, como pueden ser sus gustos, su ubicación geográfica, los recursos de los que disponen o sus actitudes, el mercado se puede segmentar.

Cuando hablamos de segmentar, nos referimos a dividir el mercado en grupos homogéneos sobre los que se llevarán a cabo una serie de estrategias de *marketing* para satisfacer sus gustos y sus necesidades.

Es importante saber que no existe una pauta única para segmentar el mercado. Debemos distinguir diferentes variables de fraccionamiento o segmentación bien sea de manera combinada o de manera aislada, así seremos capaces de conseguir encontrar una manera exacta para considerar la estructura del mercado.

Una buena segmentación nos ayudará a ajustar ofertas de productos a las necesidades específicas del mercado al que nos dirigimos, nos facilitará el análisis de la competencia o nos ayudará, entre otras cosas, a decidir qué mercados atenderemos de manera prioritaria.

Para poder entender de manera correcta de qué hablamos cuando nos referimos a la segmentación, vamos a definir primero qué es segmentar, a qué nos referimos cuando hablamos de segmento y finalmente definiremos lo que es el proceso de segmentación y qué tipos nos vamos a encontrar.

Como ya hemos dicho, **segmentar** el mercado significa dividir a los consumidores y clientes potenciales en grupos más pequeños y homogéneos, con características y necesidades similares. Al segmentar el mercado, las empresas pueden dirigir sus esfuerzos de *marketing* de manera más efectiva, ya que pueden adaptar sus productos, precios, canales de distribución y estrategias publicitarias a las necesidades específicas de cada segmento. Esto les permite llegar de manera más eficiente a su público objetivo y aumentar su competitividad en el mercado.

Por otro lado, un **segmento** de mercado es un grupo homogéneo de consumidores que comparten características, necesidades o comportamientos específicos, lo que permite a las empresas dirigir sus estrategias de marketing de manera más efectiva hacia ese grupo en particular.

Las principales características de un segmento de mercado son las siguientes:

- **Homogeneidad:** los consumidores dentro de un segmento comparten características similares, como edad, género, nivel socioeconómico, gustos, preferencias, etcétera.

- **Tamaño:** el segmento debe tener un tamaño lo suficientemente grande como para que sea rentable dirigir estrategias específicas hacia él.

- **Accesibilidad:** los consumidores del segmento deben ser fácilmente identificables, accesibles y alcanzables por la empresa a través de los canales de comunicación adecuados.

- **Rentabilidad:** el segmento debe ser lo bastante rentable como para justificar la inversión de recursos en desarrollar estrategias de marketing específicas para ese grupo.

- **Estabilidad:** el segmento debe ser estable en el tiempo, de manera que las características y necesidades de los consumidores se mantengan relativamente constantes.

Por último, la **segmentación** de mercado es un proceso mediante el cual se divide un mercado en subconjuntos de consumidores con características y necesidades similares, con el objetivo de poder dirigir estrategias de marketing más efectivas y personalizadas para cada segmento.

A través de la segmentación de mercado, se pueden conseguir varios beneficios, como detectar y analizar las oportunidades de mercado, adaptar productos y servicios a las necesidades específicas de cada segmento, descubrir segmentos que todavía están sin atender, diseñar estrategias de comunicación más efectivas, mejorar la satisfacción del cliente conociendo sus gustos y deseos adecuando los productos y las políticas de marketing a sus preferencias o aumentar la fidelización, entre otros.

Cuando hablamos de segmentación, también podemos hacerlo refiriéndonos a la macro y a la microsegmentación. La **macrosegmentación** del mercado se refiere a la segmentación de un mercado en diferentes segmentos amplios y generales, como por ejemplo, dividir el mercado en segmentos basados en la geografía, el género, la edad o el nivel socioeconómico. Por otro lado, la **microsegmentación** del mercado se refiere a la segmentación más detallada y específica, donde se dividen los segmentos en grupos más pequeños y específicos que comparten características y necesidades similares, como por ejemplo, dividir el mercado en segmentos basados en los intereses, comportamientos de compra o preferencias de los consumidores.

La macrosegmentación es útil para identificar grandes grupos de consumidores con características comunes, mientras que la microsegmentación es útil para identificar segmentos más específicos y dirigir estrategias de marketing más precisas y efectivas hacia esos segmentos específicos. Ambos enfoques son importantes para las empresas a la hora de desarrollar estrategias de marketing y comunicación efectivas que se ajusten a las necesidades y preferencias de sus clientes.

Además, podemos encontrarnos con diferentes tipos de segmentación:

■ Segmentación demográfica

   Haremos la división del mercado en función de variables como el sexo, la edad, los ingresos o el tamaño de la familia. Es la forma más utilizada para dividir grupos de consumidores, ya que estas variables son fáciles de medir.

■ Segmentación psicográfica

   Aquí las variables son el estilo de vida, la clase social o el tipo de personalidad, entre otras.

■ Segmentación geográfica

   Dividiremos el mercado en unidades geográficas (municipios, provincias, regiones, barrios o países).

■ Segmentación por la conducta

   En este caso, nos fijaremos en la respuesta que se da a un producto concreto o la actitud frente a él.

En general, todos los segmentos sobre los que trabajemos deben ser lo suficientemente grandes para que el mercado sea objetivo, accesible y medible.

Actualmente el poder ofrecer productos y servicios a medida, a la vez que estamos actualizados en cuanto a las diferentes tendencias, nos va a ayudar a aumentar la clientela y nuestras ventas.

Por tanto, debemos ser conscientes de que ya no solo tenemos que tener una buena ubicación y unos buenos precios, sino que, además, tenemos que satisfacer las necesidades que nos demanda el mercado. Así, sabemos que nuestros clientes cada vez son más responsables socialmente, están más comprometidos con el medio ambiente y buscan un servicio personalizado que innove y sea creativo en cuanto a la alimentación y la bebida.

Por todo ello, para tener éxito, debemos:

■ Satisfacer las demandas de alimentación

   Cubriendo las necesidades básicas de alimentación a bajo coste, ofreciendo productos que se preparen rápida y fácilmente, y se consuman igual, contando con una calidad estándar en todos ellos. En este caso, los servicios más demandados son los restaurantes tipo bufé o cafeterías complementadas, además, con máquinas de tipo *vending* que ofrecen comidas ya preparadas y establecimientos del tipo heladerías o pastelerías.

■ Anticipar las demandas de alimentación

Para ello se realizan estudios de mercado dirigidos a segmentos específicos para decidir cuáles van a ser a corto y medio plazo sus necesidades de alimentación futuras. En este caso, lo más demandado son los llamados «restaurantes de servicio completo» donde el cliente puede satisfacer todas sus demandas en cuanto a la alimentación.

■ Crear necesidades de alimentación

En este caso y mediante la segmentación psicográfica (gustos, estilos, ocio, etc.), la demanda se va a centrar en los restaurantes de alta cocina donde el cliente puede ir más allá y vivir en estos establecimientos una experiencia sensorial.

1.8. Resumen

En este punto hemos aprendido:

■ Aunque, normalmente, utilizamos los términos *alimentación, nutrición* y *dietética* como sinónimos, estos en realidad no lo son.

■ Los alimentos, en general, están formados por seis sustancias nutritivas: proteínas, lípidos, hidratos de carbono, vitaminas y sales minerales. Estas, a su vez, se dividen en macro y micronutrientes.

■ En todos los alimentos vamos a encontrar estas sustancias nutritivas, aunque en diferentes proporciones.

■ Existen varios factores que determinan nuestros hábitos alimentarios, como los de tipo económico, cultural, físico, etcétera.

■ Debemos tener una dieta variada que incluya alimentos de todos los grupos.

A U T O E V A L U A C I Ó N

1.1. ¿Qué es la nutrición?

a) La técnica de utilizar los alimentos de manera adecuada.

b) El estudio de los procesos mediante los cuales el organismo recibe y utiliza los nutrientes de los alimentos.

c) Elaborar pautas de alimentación para personas que sufren enfermedades físicas.

d) Proporcionar información y recursos para planificar y seguir una dieta equilibrada.

1.2. ¿Qué es la dietética?

a) La ciencia que abarca todos los procesos alimenticios del organismo.

b) El estudio de la alimentación equilibrada y variada para cubrir necesidades biológicas.

c) Elaborar pautas de alimentación para personas veganas.

d) Proponer formas de alimentación para pérdida de peso.

1.3. ¿Cuál es la definición de alimentación?

a) Proceso por el cual nuestro cuerpo obtiene los nutrientes que necesita para vivir.

b) Ingesta de alimentos de manera consciente y voluntaria.

c) Incorporar sustancias al organismo para mantenerse vivo.

d) Transporte de nutrientes a través del torrente sanguíneo.

1.4. ¿Qué tipo de nutriente constituye el 60-70 % de nuestro peso corporal?

a) Proteínas.

b) Vitaminas.

c) Agua.

d) Grasas.

1.5. ¿Cuál es la principal función de los hidratos de carbono en el organismo?

a) Regular la temperatura corporal.

b) Proporcionar energía.

c) Formar tejidos y células.

d) Regular la presión arterial.

1.6. **¿Qué tipo de grasas se encuentran principalmente en productos de origen animal?**

    a) Grasas saturadas.

    b) Grasas insaturadas.

    c) Colesterol.

    d) Grasas trans.

1.7. **¿Cuál de las siguientes vitaminas es esencial para el metabolismo del calcio y la salud de los huesos?**

    a) Vitamina A.

    b) Vitamina C.

    c) Vitamina D.

    d) Vitamina E.

1.8. **¿Qué función principal tienen las sales minerales en el organismo?**

    a) Regular muchos procesos del metabolismo.

    b) Regular el equilibrio hídrico.

    c) Proporcionar energía.

    d) Formar membranas celulares.

1.9. **¿Qué tipo de alimentos se consideran formadores o plásticos?**

    a) Frutas y verduras.

    b) Cereales y legumbres.

    c) Carnes y huevos.

    d) Aceites y grasas.

1.10. **¿Cuál es el principal grupo de alimentos aportados en los alimentos reguladores?**

    a) Carnes.

    b) Frutas.

    c) Cereales.

    d) Aceites.

1.11. **¿Cuál es la recomendación en cuanto al porcentaje de energía total que deben aportar los glúcidos (azúcares)?**

    a) 25 %.

    b) 40 %.

    c) 55-60 %.

    d) 70 %.

1.12. **¿Cuántos litros de agua al día se recomienda que una persona adulta ingiera como agua de bebida?**

a) 1 litro.

b) 1,5 litros.

c) 2 litros.

d) 3 litros.

1.13. **En la dieta equilibrada, los lípidos (grasas) deben representar ¿qué porcentaje de la energía total?**

a) 20 %.

b) 30 %.

c) 40 %.

d) 50 %.

1.14. **¿Qué porcentaje de la ingesta recomendada de lípidos se aconseja que sea de grasas de origen animal?**

a) ¼.

b) 1/3.

c) ½.

d) 2/3.

1.15. **¿Cuál de las siguientes no es una recomendación para mantener una dieta saludable según la Agencia Española de Seguridad Alimentaría y Nutrición?**

a) Consumir patatas de manera moderada.

b) Reducir el consumo de frutos secos.

c) Consumir cereales integrales.

d) Consumir pescado azul.

1.16. **¿Cuántas raciones diarias de lácteos se recomiendan como máximo?**

a) 3 raciones.

b) 4 raciones.

c) 5 raciones.

d) 6 raciones.

1.17. **¿Cuántas raciones de legumbres se recomienda consumir a la semana?**

a) 2 raciones.

b) 3 raciones.

c) 4 raciones.

d) 5 raciones.

1.18. **¿Cuántos huevos se recomienda consumir como máximo a la semana?**

    a) 2 huevos.

    b) 3 huevos.

    c) 4 huevos.

    d) 5 huevos.

1.19. **¿Cuántas raciones de carne se recomienda consumir como máximo a la semana?**

    a) 2 raciones.

    b) 3 raciones.

    c) 4 raciones.

    d) 5 raciones.

1.20. **¿Cuál es el principal objetivo del marketing alimentario?**

    a) Aumentar la demanda de productos alimenticios.

    b) Promover la venta de productos de maquillaje.

    c) Fomentar la compra de electrodomésticos.

    d) Mejorar la calidad del aire en las ciudades.

Realización de dietas

La planificación de dietas es un tema de gran relevancia en la actualidad, ya que cada vez más personas buscan mejorar su estilo de vida a través de una alimentación más saludable. Sin embargo, es importante tener en cuenta que no todas las dietas son adecuadas para todos los individuos, por lo que es fundamental contar con la orientación de un profesional de la nutrición para diseñar un plan alimenticio personalizado y equilibrado.

2.1. Tipos de dietas y menús

Las necesidades alimentarias de los seres humanos varían a lo largo de las diferentes etapas de la vida, desde la infancia hasta la tercera edad. En este tema, vamos a explorar en detalle los tipos de dietas y menús que pueden adaptarse a cada una de estas etapas, teniendo en cuenta las necesidades específicas de cada grupo y teniendo presente siempre que todas las recomendaciones que aparecen en este manual son meramente informativas y se explican de manera general. En el caso de optar por llevar a cabo alguna de ellas, por favor, consulten con un especialista.

Cuando hablamos de tipos de dietas nos referimos a los diferentes enfoques alimentarios que una persona puede seguir según sus necesidades y objetivos de salud. Algunos ejemplos de tipos de dietas son: dieta mediterránea, dieta cetogénica, dieta vegetariana, dieta vegana, dieta baja en carbohidratos, entre otros. Además de los tipos de dietas mencionados, existen otras variantes como la dieta flexitariana, la dieta paleo, la dieta DASH, la dieta Atkins, la dieta macrobiótica, entre otras. Cada una de estas dietas tiene sus propias características, restricciones y beneficios, por lo que es importante investigar y consultar con un profesional de la salud antes de comenzar cualquier dieta.

Por otro lado, cuando hablamos de menús nos referimos a la planificación y organización de las comidas y alimentos que se consumirán a lo largo del día. Los menús pueden ser diseñados de acuerdo a una dieta específica, a restricciones alimentarias, a objetivos de pérdida o mantenimiento de peso, entre otros factores. Un menú equilibrado y variado garantiza una ingesta adecuada de nutrientes y contribuye a una alimentación saludable.

La planificación de menús puede ayudar a asegurar un equilibrio adecuado de los nutrientes necesarios para una alimentación saludable. Es importante tener en cuenta las necesidades individuales, como la edad, el sexo, la actividad física y las condiciones de salud. También es importante variar los alimentos para asegurar la ingesta de todos los nutrientes necesarios para el cuerpo.

Un menú bien planificado puede ayudar a controlar el peso, mejorar la salud, prevenir enfermedades y contribuir al bienestar general. Consultar con un profesional de la salud, como un nutricionista o dietista, puede proporcionar orientación personalizada y adaptada a las necesidades específicas de cada individuo. Esto puede ayudar a garantizar una alimentación saludable y equilibrada, así como prevenir problemas de salud relacionados con la nutrición.

2.2. Niños y adolescentes

La planificación nutricional de niños y adolescentes es fundamental para asegurar un crecimiento y desarrollo adecuados y prevenir posibles enfermedades en el futuro. Es importante considerar los diferentes grupos de edad, ya que las necesidades nutricionales serán diferentes según la etapa de crecimiento de cada niño o joven.

Para que la planificación de la dieta en niños y adolescentes sea efectiva, debemos considerar las siguientes etapas definidas por la Organización Mundial de la Salud (OMS):

- Edad preescolar (de 2 a 6 años aproximadamente): en esta etapa, es fundamental incluir en la dieta una variedad de alimentos que aporten los nutrientes necesarios para el crecimiento y desarrollo del niño. Es importante incluir alimentos ricos en hierro, calcio, proteínas, vitaminas y minerales. Se debe limitar el consumo de alimentos altos en grasas saturadas y azúcares añadidos.

- Edad escolar (de 7 a 12 años aproximadamente): en esta etapa, es importante promover hábitos alimentarios saludables y fomentar la autonomía en la elección de alimentos. La dieta debe incluir alimentos de todos los grupos alimenticios, como frutas, verduras, cereales integrales, proteínas magras y lácteos bajos en grasa. Se deben limitar el consumo de alimentos procesados y ricos en grasas trans.

- Adolescencia (de 13 a 18 años): durante la adolescencia, las necesidades nutricionales aumentan debido al rápido crecimiento y desarrollo físico. Es importante incluir alimentos ricos en calcio, hierro, proteínas y vitaminas. Se debe fomentar el consumo de alimentos frescos y naturales, como frutas, verduras, legumbres, granos enteros y proteínas magras. Se debe limitar el consumo de alimentos procesados y bebidas azucaradas.

Durante estas etapas de la vida, la alimentación tiene como objetivo fomentar hábitos alimentarios saludables en los niños y adolescentes que eviten enfermedades nutricionales a corto y largo plazo, como pueden ser la obesidad, enfermedades cardiovasculares, osteoporosis, etc., además de garantizar un crecimiento y desarrollo apropiados, considerando su actividad física. La ingesta adecuada de energía (kcal) en niños de hasta 10 años aproximadamente es prácticamente igual en niños y niñas siendo de entre 1700 2000 kcal. Sin embargo, una vez alcanzada la adolescencia, estas necesidades de energía sí se diferencian entre chicos y chicas llegando hasta las 3000 kcal en jóvenes varones de 18 años y hasta las 2300 kcal en chicas de la misma edad.

Además, es importante fomentar la hidratación adecuada y, como decíamos, promover la actividad física regular para una salud óptima en este nicho poblacional. Una alimentación saludable es la clave para un crecimiento y desarrollo adecuados. En estas etapas, es importante que entiendan que todos los alimentos son necesarios y que algunos de los que más les gustan, como la bollería industrial o las chucherías, no son recomendables si quieren tener una alimentación saludable. Tanto las familias como los educadores en los colegios y, en su caso, otros niños que puedan compartir con ellos el comedor escolar, por ejemplo, serán decisivos en la adquisición de buenos hábitos alimenticios.

Cuando introducimos alimentos nuevos en la dieta de los más pequeños es conveniente hacerlo de manera progresiva y siempre al principio de cada comida, ya que, en ese momento, el niño tiene más apetito. También es interesante insistir hasta que el niño se acostumbre y se aficione al alimento.

Es importante conocer los menús que se ofrecen en las escuelas infantiles y los colegios donde asisten los niños para poder completarlos con las comidas de casa. Nunca deberemos emplear alimentos como premio o castigo, ya que puede llevarnos a conductas alimenticias negativas en los niños. La infancia es la mejor época para la formación de hábitos alimentarios correctos y, como decíamos, la familia, el colegio, las amistades y los medios de comunicación juegan un papel muy importante.

Figura 2.1. Niños comiendo en el comedor escolar.

Recomendaciones generales en la alimentación infantil:

- Es muy importante comer de todo, que las comidas sean variadas y atractivas (se puede intentar disimular los alimentos que el niño rechaza, por ejemplo). También es muy importante comer siempre más o menos a la misma hora, haciendo regulares los horarios de comidas.

- Los niños deberían realizar unas cinco comidas al día repartidas de la siguiente manera: tres principales (desayuno, comida y cena) y dos más ligeras (media mañana y merienda).

- Desayunar a diario. El desayuno es una de las comidas más importantes del día y debería cubrir un 25 % de las necesidades energéticas del niño.

- En la comida de media mañana y la merienda se incluirán alimentos de gran interés nutricional como pan, cereales, lácteos, fruta...

- Controlar lo que los niños comen fuera de casa para evitar excesos y comidas muy calóricas.

- No abusar de dulces, chucherías, *snacks* y refrescos.

- Controlar el peso corporal para que sea el adecuado para edad y talla.

- No eliminar alimentos de la dieta sin antes haber consultado con un profesional médico.

- Animaremos a los niños a, al menos, realizar una hora diaria de actividad física y, a ser posible, al aire libre.

- Deberemos controlar el tiempo que pasan los niños sentados viendo la televisión, utilizando tabletas u ordenadores, jugando a videojuegos, etc., ya que esto, además de contribuir a una inactividad física, también induce al consumo de alimentos muy calóricos.

- Cuidaremos la higiene bucal del niño.

La Sociedad Española de Nutrición Comunitaria (SENC) hace las siguientes recomendaciones en cuanto a la cantidad de raciones al día o a la semana que deberían ingerir niños y niñas hasta los 10-12 años aproximadamente.

Tabla 2.1. Raciones recomendadas para niños y niñas de hasta 10-12 años

Grupo de alimentos	Raciones/día o semana
Leche y derivados	2-4/día
Pan, cereales, cereales integrales, arroz, pasta, patatas…	4-6/día
Verduras y hortalizas	Mínimo 2/día
Frutas	Mínimo 3/día
Aceite de oliva	3-6/día
Legumbres	2-4/semana
Frutos secos	3-7/semana
Pescados y mariscos	3-4/semana
Carnes magras y aves	3-4/semana
Huevos	3-4/semana
Carnes y embutidos grasos	Ocasional y moderado
Mantequilla, margarina o bollería industrial	Ocasional y moderado
Dulces, *snacks* y refrescos	Ocasional y moderado
Sal	Moderado
Agua	4-8 vasos/día
Actividad física	Diario

La adolescencia es una etapa de tránsito entre la niñez y la edad adulta en la cual se completa el desarrollo del organismo. En esta etapa, se da una serie de cambios en los ámbitos sexual, corporal y psicológico, que implican unas necesidades energéticas y nutrientes diferentes de las que necesitan el niño y el adulto.

La Asociación Española de Pediatría presenta en su página web unas recomendaciones de ingesta (RDA) para adolescentes, que deberemos adaptar a cada sujeto en función de su desarrollo y de sus circunstancias personales.

La adolescencia es una etapa muy importante donde debemos promover hábitos alimentarios adecuados que prevengan enfermedades en la vida adulta. Los cambios en los hábitos alimenticios de los adolescentes pueden generar importantes riesgos nutricionales, tanto por exceso como por defecto, y pueden también estar relacionados con el aumento de la aparición de patologías, que son actualmente las principales causas de enfermedad y muerte en el mundo.

Es crucial crear un plan de recomendaciones nutricionales para adolescentes que despierte su interés y mantenga su independencia y capacidad para tomar sus propias decisiones dietéticas ayudando a los jóvenes a llevar una dieta equilibrada y una vida saludable.

Una vida saludable y un desarrollo intelectual adecuado están relacionados con una ingesta equilibrada y variada de alimentos combinada con la práctica regular de actividad.

Los hábitos alimentarios de los adolescentes estarán determinados por muchos factores externos (características familiares, amigos, valores sociales y culturales, medios de comunicación, conocimientos sobre diferentes dietas, experiencia y creencias personales, etc.) e internos (características y necesidades fisiológicas, imagen corporal, gustos alimentarios, desarrollo psicosocial, salud, etc.). Todo esto se reduce a la necesidad del adolescente de consolidar su propia identidad, aunque a costa de ello abandone la dieta familiar y opte por otro tipo de dietas que pueden derivar en innumerables errores que son una preocupación, especialmente si persisten durante mucho tiempo, porque aumenta el riesgo de desnutrición, obesidad y/o trastornos alimentarios como pueden ser la anorexia nerviosa y la bulimia. Por todo ello, deberemos controlar, como adultos la dieta que siguen nuestros hijos e hijas adolescentes.

En el caso de la alimentación en adolescentes, podemos seguir, prácticamente las mismas recomendaciones que en el caso de los niños a las que podemos añadir en ambos casos que es recomendable también mantener y promover la dieta mediterránea, ya que además de ser sana, nutritiva y agradable al paladar, nos va a ayudar a prevenir muchas patologías.

Tanto la comida como la cena, deben ser en un ambiente tranquilo y sin distracciones donde poder disfrutar de un momento agradable con la familia.

Es importante que la dieta de niños y adolescentes incluya todos los nutrientes para su edad y etapa de crecimiento.

Como adultos, debemos educar a niños y adolescentes sobre la importancia de una alimentación saludable.

Es importante limitar el consumo de alimentos procesados y azucarados, y fomentar la ingesta de alimentos frescos y naturales.

El consumo de agua es la mejor opción para mantenerse hidratado.

Animaremos a niños y adolescentes a mantenerse activos físicamente y a reducir el uso de pantallas.

Figura 2.2. Familia compartiendo el momento de la comida.

2.3. Planificación de la dieta en adultos

Para planificar cualquier dieta dirigida a la población adulta es fundamental que agrupemos los alimentos según sus funciones y composición.

Tenemos que partir de que no existen los alimentos «buenos» ni los alimentos «malos», lo que es bueno o malo es la dieta que tenemos. Tenemos que tomar los alimentos en su justa medida, sin eliminar ninguno de nuestra dieta, siempre y cuando ingiramos las cantidades adecuadas. Si decidimos tomar un alimento muy graso en una comida, lo tendremos en cuenta en la planificación de la siguiente.

El exceso de grasa corporal aparece cuando tomamos más calorías de las que realmente necesitamos. Estas pueden venir de diferentes fuentes como proteínas, grasas o hidratos de carbono, aunque donde más calorías aparecen es en las grasas.

Por tanto, es muy importante hacer ejercicio físico de manera habitual, ya que, de esta manera, aumentamos el gasto de energía y «quemamos» grasas. Lo ideal sería ingerir alimentos ricos en ácidos grasos poliinsaturados como el pescado, ya que estos ayudan a absorber y almacenar vitaminas liposolubles como la A, D, E y K.

Como adultos, deberíamos ingerir, al menos, **1,5 litros de agua** al día, aumentando la cantidad si somos físicamente activos.

Por último, es de sobra conocido que introducir frutas y verduras en nuestra dieta es bueno para nuestra salud y favorece, entre otras cosas, la prevención de enfermedades cardiovasculares.

Figura 2.3. Personas adultas haciendo deporte.

Las raciones que un adulto puede tomar de los distintos grupos de alimentos se pueden representar en la siguiente tabla:

Tabla 2.2. La alimentación en personas adultas

Consumo diario	Consumo semanal	Consumo ocasional
■ Lácteos: 2-4 raciones ■ Aceite de oliva: 3-6 raciones ■ Verduras y hortalizas: 2 raciones ■ Fruta: 3 raciones ■ Pan, cereales integrales, arroz, pasta y patatas: 4-6 raciones ■ Agua: 6-8 raciones	■ Pescados: 3-4 raciones ■ Carnes magras: 3-4 raciones ■ Huevos: 3-4 raciones ■ Legumbres: 3-4 raciones ■ Frutos secos: 3-7 raciones	■ Grasas (excepto aceites de oliva y semillas) ■ Dulce, bollería, caramelos, pasteles, refrescos o helados ■ Carnes grasas, embutidos o patés

En la planificación de nuestra dieta, podemos representar las cantidades adecuadas en medidas caseras (un plato, una taza, una cuchara...) o en unidades nutricionales como una porción o una ración alimentaria.

A la hora de elaborar el menú diario, y que este sea equilibrado, también tendremos que tener en cuenta el menú del resto de la semana, con el fin de evitar carencias o excesos nutricionales e intentar compensar y ofrecer alimentos variados todos los días.

En general, la planificación de una dieta alimentaria en población adulta debe ser cuidadosamente elaborada teniendo en cuenta los diferentes grupos de edad y su condición física. Es importante considerar las necesidades nutricionales específicas de cada individuo para garantizar una alimentación equilibrada y saludable.

Para empezar, es fundamental tener en cuenta la edad de la persona. En general, a medida que una persona envejece, sus necesidades calóricas disminuyen, por lo que es importante ajustar la cantidad de alimentos consumidos de acuerdo a esto. Además, a medida que se envejece, el metabolismo suele ralentizarse, por lo que es importante mantener una dieta rica en alimentos nutritivos pero bajos en calorías.

En cuanto a los diferentes grupos de edad, es importante considerar las necesidades especiales de cada uno. Por ejemplo, las personas mayores suelen tener una mayor necesidad de calcio y vitamina D para mantener la salud ósea. Por otro lado, las personas en la mediana edad pueden necesitar más proteínas para mantener la masa muscular y prevenir la pérdida de fuerza.

Además de la edad, es importante tener en cuenta la condición física de la persona. Aquellas personas que practican deporte de manera regular o que tienen una vida muy activa necesitarán consumir más calorías y una mayor cantidad de alimentos ricos en nutrientes. Por otro lado, las personas sedentarias o con problemas de salud necesitarán seguir una dieta más equilibrada y controlada.

Con todo esto, podemos concluir que la planificación de una dieta alimentaria en población adulta debe ser personalizada y adaptada a las necesidades específicas de cada individuo. Es importante consultar con un profesional de la salud o un nutricionista para obtener orientación sobre cómo diseñar un plan de alimentación saludable y equilibrado que se ajuste a las necesidades de cada persona.

Tabla 2.3. Ingestas recomendadas de energía en población adulta según su actividad física

	Energía (kcal)			
	Edad (años)	AF alta	AF media	AF baja
Hombre	20-39	3600	3000	2700
Hombre	40-49	3420	2850	2565
Hombre	50-59	3240	2700	2430

		Energía (kcal)		
	Edad (años)	AF alta	AF media	AF baja
Mujer	20-39	2760	2300	2070
Mujer	40-49	2622	2185	1967
Mujer	50-59	2490	2075	1868

2.4. Tercera edad

Cuando nos hacemos mayores, sufrimos una serie de cambios físicos, psicológicos y sociales que pueden influirnos en la forma de alimentarnos. Vamos a describir algunos de ellos:

Composición corporal

Uno de los cambios más significativos que se presentan en la composición corporal en los adultos de la tercera edad es la disminución de la masa muscular. Este suceso se traduce en que las demandas de nutrientes son elevadas, pero no así las de necesidades energéticas que tienen.

Otra modificación significativa es el incremento de la grasa corporal, lo cual también altera su distribución, disminuyendo la grasa subcutánea y de las extremidades, y generando residuos en la zona abdominal. También, en esta etapa, nos encontramos con una disminución del agua corporal total y una pérdida de masa ósea, sobre todo en las mujeres, lo que aumenta el riesgo de fracturas. Por consiguiente, las recomendaciones nutricionales deben enfocarse, entre otras cosas, en la alimentación adecuada de calcio y vitamina D.

Órganos sensoriales

A medida que envejecemos, nuestros sentidos se vuelven más embotados. Lo que oímos, vemos, olemos y saboreamos influye en la forma en la que comemos. El sentido del gusto disminuye y aumenta el deseo por los sabores dulces y salados. Además, la pérdida del sentido del olfato reduce la capacidad de distinguir entre olores agradables. En última instancia, estos cambios pueden reducir el disfrute de la comida y llevarnos a un estado nutricional deficiente.

Figura 2.4. Persona de la tercera edad comiendo.

Para reducir estos efectos, el uso de especias y otros condimentos naturales (limón, ajo o plantas aromáticas) al preparar las comidas puede hacer que estas sean más apetecibles.

Tracto gastrointestinal

Los cambios ocurren en todo el tracto intestinal, comenzando con la masticación. Además de la pérdida de dientes, también son comunes la falta de saliva y la dificultad para tragar correctamente. Estas dificultades para masticar reducen la ingesta de frutas y verduras crudas, y reducen la ingesta de carne. Todo ello conlleva a un menor consumo de fibra, vitaminas y hierro.

Algunas técnicas de cocina, como los purés, los batidos o las compotas, o incluso preparados cárnicos, como las albóndigas o las croquetas, pueden facilitar la masticación.

El proceso digestivo también se ralentiza, dificultando la absorción de algunos nutrientes, como determinadas vitaminas y minerales. Estos cambios pueden compensarse aumentando la frecuencia de las comidas, disminuyendo el tamaño de las comidas e incrementando la ingesta de fibra.

Movilidad

En esta etapa de la vida la actividad física suele disminuir. Un estilo de vida activo (en la medida de lo posible) va a ayudar a que el adulto mayor se mantenga en forma y a aumentar su apetito, dándole la oportunidad de incorporar alimentos saludables que podrían haber desaparecido de su dieta por falta de apetito.

Figura 2.5. En la medida de lo posible, es importante que las personas de la tercera edad lleven un estilo de vida activo.

Enfermedades

A medida que envejecemos, suelen aparecer más enfermedades, muchas de las cuales son de larga duración, requieren el uso de medicamentos y pueden afectar el estado nutricional junto con cambios en la digestión y el metabolismo.

Por tanto y partiendo de todas estas premisas, para realizar una planificación de dieta alimentaria en población de la tercera edad, es importante tener en cuenta diversos factores como el estado de salud, las condiciones físicas y las necesidades nutricionales específicas de cada persona. A continuación, detallaremos los pasos para llevar a cabo esta planificación de forma adecuada:

- **Evaluación del estado de salud:** antes de comenzar a planificar la dieta, es fundamental realizar una evaluación completa del estado de salud de la persona mayor. Es importante tener en cuenta posibles enfermedades crónicas, alergias alimentarias, intolerancias, medicamentos que esté tomando y cualquier otra información relevante que pueda influir en la elección de los alimentos.

- **Establecer objetivos nutricionales:** una vez que se tenga clara la situación de salud de la persona, es importante establecer objetivos nutricionales específicos. Estos objetivos pueden incluir la prevención de enfermedades como la osteoporosis, la diabetes o la hipertensión, el mantenimiento de un peso saludable, la mejora de la digestión o la optimización de la función cognitiva.

- **Diseño de un plan de alimentación equilibrado:** una vez que se hayan establecido los objetivos nutricionales, es hora de diseñar un plan de alimentación equilibrado y adaptado a las necesidades de la persona mayor. Este plan debe incluir alimentos de todos los grupos alimenticios, asegurando un aporte adecuado de proteínas, carbohidratos, grasas, vitaminas y minerales.

- **Adaptación a las preferencias y necesidades individuales:** es importante tener en cuenta las preferencias y necesidades individuales de la persona mayor a la hora de planificar la dieta. Se debe consultar con ella para saber qué alimentos le gustan más, si tiene alguna preferencia por algún tipo de cocinado, si tiene problemas para masticar o tragar, entre otras cuestiones.

- **Control de porciones y frecuencia de las comidas:** es fundamental controlar las porciones de los alimentos y la frecuencia de las comidas para asegurar que la persona mayor esté recibiendo suficientes nutrientes. Se recomienda realizar entre 4 y 6 comidas al día, evitando las comidas pesadas durante la noche y asegurando un buen equilibrio entre todos los alimentos.

- **Seguimiento y ajustes:** una vez que se haya establecido el plan de alimentación, es importante realizar un seguimiento continuo para evaluar su efectividad y realizar los ajustes necesarios. Es fundamental estar atento a posibles cambios en la salud de la persona y adaptar la dieta en consecuencia.

Como resumen, podemos decir que para realizar una planificación de dieta alimentaria en población de la tercera edad es fundamental conocer el estado de salud, establecer objetivos nutricionales, diseñar un plan de alimentación equilibrado, adaptarse a las preferencias individuales, controlar las porciones y frecuencia de las comidas, y realizar un seguimiento continuo. Todo ello con el objetivo de garantizar una alimentación saludable y adaptada a las necesidades específicas de cada persona mayor.

Tabla 2.4. Ingestas de nutrientes recomendadas en personas de más de sesenta años

	Hombres	Mujeres
Proteína (g)	54	41
Fibra (g)	20-30	20-30
Calcio (mg)	1200	1200
Hierro (mg)	10	10
Zinc (mg)	15	15
Magnesio (mg)	350	300
Tiamina (mg)	1,0	0,8
Riboflavina (mg)	1,4	1,0
Niacina (mg)	16	12
Vit. B6 (mg)	1,8	1,6
Vit. B12 (mg)	2,0	2,0
Vit. C (mg)	60	60
Vit. D (mg)	20	20
Vit. E (mg)	12	12

2.5. Dietas alternativas: dietas vegetarianas, macrobióticas, disociadas, etcétera

Como ya sabemos, la dieta hace referencia al modo de regirse un individuo en la comida y en la bebida, es decir, el modelo de alimentación que sigue una persona. De manera errónea, se utiliza el término *dieta* para referirse a la restricción de la ingesta de comida para conseguir o mantener cierto peso corporal.

En estos casos, la recomendación general para perder y controlar el peso es una combinación de dieta y ejercicio físico, así se perderá la grasa, se mantendrá la masa muscular y se evitará ganar peso de nuevo una vez que se retome la dieta habitual.

Como pautas generales para las personas adultas, se proponen las siguientes, junto al esfuerzo, la voluntad y la motivación:

- Dieta hipocalórica.

- Vida activa.

- Modificación de hábitos alimentarios y de actividad física que garanticen el mantenimiento del peso.

Figura 2.6. La actividad física juega un papel muy importante en las dietas de adelgazamiento.

Es muy importante a la hora de comenzar una dieta de adelgazamiento que esta esté individualizada y que se tenga en cuenta el estado de salud de la persona que la va a seguir, el peso que se desea conseguir, los hábitos alimentarios de esa persona y su estilo de vida. Los objetivos propuestos serán fáciles de alcanzar y, sobre todo, reales ya que deben estar en consonancia con las posibilidades de la persona a la que va dirigida la dieta con la finalidad de alcanzar un tratamiento exitoso, por lo que la persona que desee realizar una dieta de adelgazamiento deberá buscar asesoramiento dietético para una mayor seguridad.

▶ **ACTIVIDAD 2.1**

Con la ayuda de internet, busca algunos mitos en relación con las dietas de adelgazamiento, realiza un esquema con ellos y coméntalo con el resto de compañeros.

Las **dietas alternativas** son dietas que prescinden de ciertos alimentos o grupos de alimentos. Las más conocidas son las dietas vegetarianas. Este tipo de dieta se entiende como una forma de vida, una filosofía. Se consideran vegetarianas las personas que no comen carne o pescado, algunas no toman ningún alimento que tenga origen animal (como la miel) y otras consumen leche y huevos.

Dentro de este tipo de dietas podemos encontrar:

- Dieta ovolactovegetariana y sus variantes: esta dieta incluye todo tipo de alimentos vegetales, la leche y los huevos. Es la más completa de las dietas vegetarianas, por lo que presenta menos problemas nutricionales, aunque siempre deberán estar bien planificadas y ser equilibradas.

- Dieta vegana o vegetariana estricta: incluye todos los alimentos de origen vegetal y no admite alimentos de origen animal incluida la miel. Este tipo de dieta presenta algunos problemas nutricionales que se solventan siguiendo la misma de un modo adecuado y bajo la supervisión de un dietista/nutricionista.

- Dieta flexitariana: este tipo de dieta evita de manera habitual el consumo de carne y/o pescado, aunque sí se consume de manera esporádica (1-2 veces/semana). Pretende reducir el consumo de productos de origen animal, pero sin ser estricto.

- Dieta crudívora: aludiendo a que las cocciones alteran el valor nutritivo de los alimentos, en esta dieta solo se ingieren alimentos crudos como legumbres germinadas, frutos secos, semillas, cereales, verduras, hortalizas, fruta y, opcionalmente, leche y huevos sin cocción. Esta dieta puede ocasionar riesgos para la salud en la infancia, la adolescencia, en el embarazo o durante la lactancia.

- Dieta frugívora: solo incluye la fruta fresca, exceptuando el melón y la sandía. Se puede tomar tomate, ya que este es considerado una fruta, los frutos secos y las semillas sin cocción. No están permitidas las verduras y las legumbres, y por supuesto, ningún alimento de origen animal.

Figura 2.7. Frutas.

La fruta se divide en tres grupos, ya que los frugarianos creen que de este modo su digestibilidad y aprovechamiento son mejores.

Tabla 2.5. Grupos de frutas en la dieta frugívora

Semiácidas o semidulces	Ácidas	Dulces
■ Higos frescos	■ Tomates	■ Higos secos
■ Cerezas dulces	■ Naranjas	■ Plátanos
■ Albaricoques	■ Mandarinas	■ Dátiles
■ Mangos	■ Pomelos	■ Albaricoques secos
■ Ciruelas	■ Limón y lima	■ Uvas frescas y pasas
■ Manzanas dulces	■ Kiwi	■ Ciruelas pasas
■ Melocotón	■ Fresas y frambuesas	■ Manzanas secas
■ Nectarina	■ Grosella	■ Caquis
■ Pera	■ Piña	
	■ Manzana ácida	

Ventajas e inconvenientes de la dieta vegetariana

Según diferentes estudios, se ha demostrado que las personas que siguen una dieta vegetariana, al evitar el consumo de alimentos de origen animal y, por tanto, de grasas saturadas, tienen:

■ Menos incidencia de enfermedades cardiovasculares.

■ Menos incidencia de diabetes tipo II.

■ Menor incidencia de ciertos cánceres.

■ Gran consumo de antioxidantes (previenen el envejecimiento y la oxidación celular).

■ Menor consumo de grasas saturadas y colesterol (ya que no consumen grasas saturadas).

■ El consumo de fibra y de hidratos de carbono mejora el tránsito intestinal y favorece el sistema inmunitario, aunque puede ocasionar problemas para la absorción de minerales y producir diarreas.

■ Al no incluir en la dieta huevos, lácteos, etc., estas personas deben introducir un suplemento nutricional adecuado para evitar carencias nutricionales.

■ Se trata de una dieta cara, ya que muchos de los alimentos que la componen (bebida de almendras, soja o sésamo, entre otros) son más caros que los alimentos de una dieta que ingiere todo tipo de alimentos.

▶ **ACTIVIDAD 2.2**

Con todo lo visto hasta ahora piensa, busca información y haz un esquema de cómo crees que puede ser el plato de Harvard para las dietas veganas y vegetarianas.

Otros ejemplos de dietas son:

■ Dieta macrobiótica: es una dieta que proviene de Japón y combina conceptos de vegetarianismo estricto con filosofía Zen. Consiste en dividir los alimentos en los de tipo yin y de tipo yang, porque cree que lograr un equilibrio entre ellos mejora nuestro bienestar físico, mental y espiritual.

Los alimentos de tipo yin proporcionan energía fría, como lácteos, azúcar, miel y frutas y verduras tropicales como la berenjena y la remolacha. Además, incluye alcohol. Los alimentos de tipo yang como pescado, carne, legumbres, cereales, verduras de raíz, algas marinas, frutas sin pesticidas, etc., proporcionan energía caliente.

El sistema macrobiótico está compuesto por una serie de diez dietas que oscilan entre -3 y +7. Las cinco dietas iniciales (-3 a +2) incluyen pequeñas cantidades de alimentos animales, mientras que las cinco restantes (+3 a +7) son completamente vegetarianas. Esta última dieta (la +7) está compuesta de manera exclusiva por granos de cereales, por lo que carece de muchas vitaminas y minerales. Todas las dietas, desde la -3 a la +7, deben reducir la cantidad de agua que beben, lo que puede causar deshidratación e insuficiencia renal.

Figura 2.8. Cereales.

■ Dieta disociada: se basa en el principio de separación de alimentos según el grupo al que pertenecen: hidratos de carbono (pan y derivados, arroz, pasta, patatas y legumbres) o proteínas (carne, pescado, huevos y lácteos) con el objetivo de aprovechar todos los nutrientes y realizar un sobreesfuerzo desde el punto de vista metabólico, ya que obliga al organismo a utilizar su grasa de reserva y, por lo tanto, a adelgazar.

Esta dieta será útil si queremos perder peso en poco tiempo, llegando a perder hasta cinco kilos en una semana, ya que se ingieren muy pocas calorías. La parte negativa de esto es que este aporte de calorías puede ser insuficiente y, por tanto, acarrear graves consecuencias de salud.

▶ **ACTIVIDAD 2.3**

Con la ayuda de internet, busca información sobre las dietas de las que hemos hablado en este apartado y crea varios menús diarios para ellas.

RECUERDA

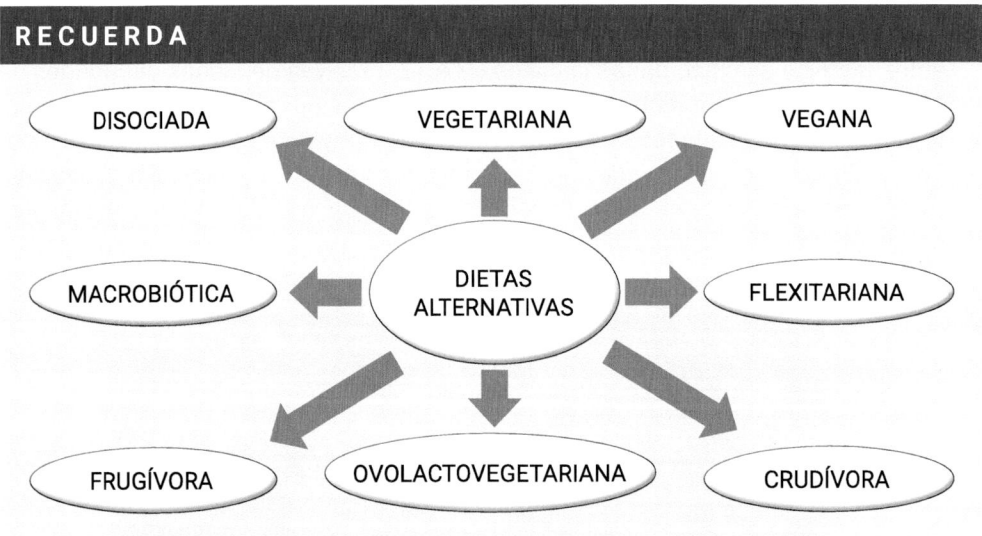

Esquema 2.1. Resumen de los diferentes tipos de dietas alternativas.

2.6. Dietas y planificación de menús para colectivos específicos

Cada vez son más las personas con distintas patologías que requieren de una alimentación adaptada, donde tenemos que cuidar especialmente la ingesta de determinados alimentos, así como tener en cuenta una serie de valores con respecto a la combinación de estos.

Para este tipo de personas, en ocasiones, es difícil encontrar una buena oferta gastronómica fuera de su propio hogar, por lo que en restauración colectiva es importante que se conozcan las características de cada uno de ellos y así poder dar respuesta a sus necesidades diversificando el público al que llegan.

Celiaquía

La enfermedad celíaca o condición celíaca es una intolerancia permanente al gluten. El gluten es una proteína que se encuentra en diferentes cereales. Una persona es celíaca cuando sufre una intolerancia al gluten de los cereales (trigo, cebada o centeno). Esta enfermedad digestiva daña el intestino delgado atrofiando sus vellosidades y dificulta la absorción de nutrientes por el organismo. Es una enfermedad de origen genético, pero no hereditaria.

La celiaquía se puede presentar a cualquier edad y es la enfermedad crónica intestinal más frecuente. La mayoría de las personas celíacas mejoran sus síntomas cuando ingieren una dieta sin gluten.

Figura 2.9. Alimentos con gluten.

Hay que tener en cuenta que en la elaboración industrial de muchos alimentos se añade gluten como espesante o gelificante, lo que puede ocasionar síntomas a los pacientes que sufren esta enfermedad.

La mala absorción de nutrientes puede originar diferentes enfermedades tales como la anemia o el raquitismo, además de calambres musculares, hinchazón y problemas en tiroides, hígado o páncreas.

Algunos síntomas de la celiaquía son:

■ Pérdida de apetito y de peso.

- Diarrea crónica.

- Anemia.

- En casos no tratados, riesgo de desarrollar linfoma de células T.

- Dermatitis.

- Talla baja.

- Retardo puberal.

- Dolor abdominal.

- Depresión.

- Irritabilidad.

- Infertilidad.

- Abortos repetidos.

El diagnóstico de la enfermedad se realiza de dos formas. En primer lugar, a través de un análisis de anticuerpos específicos en sangre, que descarta, pero no confirma la enfermedad. En segundo lugar, se realiza una biopsia intestinal que es la única prueba fiable de que existe la enfermedad.

Como ya hemos dicho, el tratamiento de esta enfermedad consiste en seguir una dieta estricta sin gluten durante toda la vida. Realizar esta dieta de manera correcta conlleva la desaparición de los síntomas de la enfermedad, ya que se recuperan las vellosidades intestinales.

La dieta sin gluten

El objetivo que se persigue con la dieta sin gluten es eliminar, de manera definitiva, el gluten de la alimentación de la persona celíaca garantizando así la perfecta recuperación de las vellosidades intestinales evitando recaídas.

Esta dieta se basa en dos ideas principales:

- Eliminar todo producto que contenga como ingrediente trigo, espelta, cebada, centeno y/o avena.

- Eliminar de la dieta los productos derivados de estos cereales como son el almidón, la harina, la sémola, el pan, la pasta alimenticia, la bollería y la repostería.

Aunque esto pueda parecer sencillo, no lo es, ya que a la hora de ponerlo en práctica supone un reto para quienes tienen que seguir o planificar este tipo de dietas debido a varios factores.

- Aunque cada vez sucede menos, en ocasiones el etiquetado de los alimentos no llega a ofrecer una información segura para la persona celíaca.

- La existencia de contaminaciones cruzadas en alimentos que por naturaleza no contienen gluten.

- La presencia de gluten residual en el proceso de elaboración de productos sin gluten.

Por todo esto, se recomienda que la dieta sin gluten se base, en la medida de lo posible, en alimentos naturales como leche, carnes, pescados, frutas, verduras, huevos, hortalizas, legumbres y cereales sin gluten como el arroz o el maíz evitando alimentos procesados. Actualmente, podemos encontrar en el mercado una oferta bastante amplia de productos sin gluten. En el Reglamento Europeo 828/2014 se especifica que los productos etiquetados con la mención «sin gluten» deberán contener menos de 20 mg/kg de gluten.

La Federación de Asociaciones de Celíacos de España (FACE) se constituyó en 1994 con la finalidad de coordinar la labor que realizan las asociaciones que forman parte de la misma, a través de campañas de difusión, concienciación, investigación y seguridad alimentaria. Además, ofrece servicios de apoyo y asesoramiento a pacientes recién diagnosticados y a sus familiares, formación para empresas de restauración e industrias alimentarias cumpliendo con la normativa vigente. También ofrece herramientas para ayudar al colectivo celíaco a realizar de manera correcta la dieta sin gluten como pueden ser la *app* FACEMOVIL, Celikids (para los más pequeños) y el manual de la enfermedad celíaca, su página web (https://celiacos.org/) y sus redes sociales, donde proporcionan noticias, información y asesoramiento. Actualmente FACE está constituida por catorce asociaciones de celíacos y dos federaciones en todo el territorio nacional de las que son socias más de 17 000 familias.

En la siguiente imagen aparece una tabla con un ejemplo de un menú semanal sin gluten. En este caso, podríamos añadir, entre otros, para almuerzos de media mañana y/o meriendas, los siguientes alimentos combinándolos de diferentes maneras:

- Quesos y/o yogures

- Pan, galletas, cereales sin gluten

- Fruta

- Café y/o infusiones

- Leche

- Jamón

- Aceite

Como hemos dicho, esto puede ser un ejemplo de menú, aunque siempre es preferible e importante leer los ingredientes de cada producto y asegurarnos de que, efectivamente, el producto que se va a consumir es libre de gluten.

Tabla 2.6. Ejemplo de menú semanal sin gluten

	LUNES	MARTES	MIÉRCOLES	JUEVES	VIERNES	SÁBADO	DOMINGO
DESAYUNO	Café o infusión con/ sin leche, pan sin gluten con aceite y una pieza de fruta	Café o infusión con/ sin leche, pan sin gluten con jamón y una pieza de fruta	Cereales de maíz con leche y una pieza de fruta	Café o infusión con/ sin leche, pan sin gluten con aceite y una pieza de fruta	Café o infusión con/ sin leche, pan sin gluten con jamón y una pieza de fruta	Yogur líquido, compota de manzana y galletas sin gluten	Cereales de maíz con leche y una pieza de fruta
COMIDA	Patatas guisadas con puerro, ternera a la plancha con ensalada, pan sin gluten y fruta de temporada	Pasta sin gluten con espinacas y setas, salmón al horno, pan sin gluten y fruta de temporada	Arroz con champiñones y espárragos, pollo asado con verduras, pan sin gluten y fruta de temporada	Judías verdes con tomate, mero al horno con patatas, pan sin gluten y fruta de temporada	Pasta sin gluten con gambas, conejo con champiñones, pan sin gluten y fruta de temporada	Pisto con calabacín y patatas, bacalao con acelgas y arroz, pan sin gluten, fruta de temporada	Habichuelas rojas con patatas, pez espada con limón y perejil, pan sin gluten y fruta de temporada
CENA	Ensalada Waldorf, boquerones a la plancha, pan sin gluten y fruta de temporada	Guisantes rehogados, tortilla de queso, ensalada de tomate, pan sin gluten y fruta de temporada	Gazpacho andaluz sin gluten, huevos rotos con patatas y jamón, pan sin gluten y fruta de temporada	Arroz con setas, pechuga de pavo a la plancha con trigueros, pan sin gluten y fruta de temporada	Berenjenas rellenas de arroz, atún a la plancha, sorbete de limón y pan sin gluten	Ensalada con pepino, maíz, aceitunas y queso, pastel de carne con tomate cherry, pan sin gluten y fruta de temporada	Coliflor con bechamel, pollo al limón, pan sin gluten y fruta de temporada

Diabetes

Esta enfermedad se produce cuando el páncreas no produce la suficiente insulina (hormona que regula el azúcar en sangre) o cuando el cuerpo no puede utilizar de manera eficaz la insulina que produce. Los principales síntomas de la diabetes son:

- Incremento de la necesidad de orinar (poliuria).

- Incremento de la sensación de sed (polidipsia).

- Pérdida de peso.

- Cansancio.

El descontrol del azúcar en el sistema cardiovascular puede llevar a la muerte. También puede producir ceguera, amputaciones y fallos renales.

La persona diabética tiene que seguir una dieta estricta y adecuada a sus necesidades, nivel de actividad y estilo de vida. Deberá contener alimentos pertenecientes a las proteínas, grasas y carbohidratos, minerales y vitaminas. En este caso deben alcanzar el mayor equilibrio posible

Figura 2.10. Persona diabética comprobando su nivel de azúcar en sangre.

con el fin de evitar híper e hipoglucemias. Junto con la dieta, se deberá mantener el peso y también practicar, de manera habitual, ejercicio físico para controlar el nivel de azúcar en sangre.

Existen varios tipos de diabetes:

- **Diabetes tipo 1:** diabetes insulinodependiente, es una enfermedad autoinmune en la que el cuerpo ataca y destruye las células productoras de insulina en el páncreas. Como resultado, el cuerpo no puede producir suficiente insulina para regular los niveles de azúcar en sangre. Por lo que las personas con este tipo de diabetes, deberán administrarse de manera artificial insulina para mantener controlados los niveles de glucosa en su organismo.

- **Diabetes tipo 2:** es la forma más común de diabetes y generalmente se desarrolla en adultos, aunque también puede afectar a niños y adolescentes. En la diabetes tipo 2, el cuerpo no utiliza de manera eficiente la insulina que produce o no produce suficiente insulina para mantener niveles de azúcar en sangre normales.

- **Diabetes gestacional:** se presenta durante el embarazo y afecta a mujeres que nunca antes han tenido diabetes. La diabetes gestacional puede aumentar el riesgo de complicaciones durante el embarazo y el parto, así como el riesgo de desarrollar diabetes tipo 2 en el futuro.

Exceptuando la administración exterior de insulina, el tratamiento de todos estos tipos de diabetes consiste en llevar un control de la glucosa en sangre, tomar algún tipo de medicación en el caso de que sea necesario, realizar actividad física de manera regular y llevar un plan de alimentación saludable con una dieta equilibrada.

La dieta para personas diabéticas incluye comer una variedad de alimentos nutritivos, pero en cantidades moderadas y a horas regulares. Esta dieta deberá ser baja en calorías y alta en nutrientes saludables; esto incluye alimentos como frutas, hortalizas, verduras, leche y lácteos (controlando su ingesta, ya que contienen lactosa que es el azúcar de la leche), carnes magras (pollo, pavo o conejo), pescado blanco y azul y huevos o cereales de grano entero. También es aconsejable evitar el azúcar común o sacarosa como ingrediente en la alimentación pudiendo sustituirlo por edulcorantes, algunos de estos edulcorantes aparecen en la siguiente tabla:

Tabla 2.7. Algunos de los edulcorante utilizados en dietas para diabéticos

Edulcorantes naturales	Edulcorantes artificiales
Fructosa (azúcar de la fruta)	Sucralosa (E955)
Estevia (E960)	Aspartamo(E951)
Taumatina (E957)	Sacarina (E954)
Sorbitol (E420)	Acesulfamo K (E950)
Manitol (E421)	Ácido ciclámico (E952)
Eritritol (E968)	Neotamo (E961)

Las personas diabéticas o con riesgo de serlo, deberán tener en cuenta las calorías y los carbohidratos que ingieren en las comidas para prevenir el aumento de la glucosa (azúcar en sangre) ya que, como hemos dicho anteriormente, a la larga este aumento puede causar patologías como el daño renal, cardíaco o nervioso.

Leer las etiquetas de los alimentos y, concretamente, su información nutricional puede dar información a la persona diabética para ayudarle a controlar su plan de comidas. Se deberá tener en cuenta la cantidad de alimento que se va a consumir, las calorías que aporta esa cantidad y los hidratos de carbono que contiene el alimento, prestando atención a qué cantidad de esos carbohidratos son azúcares.

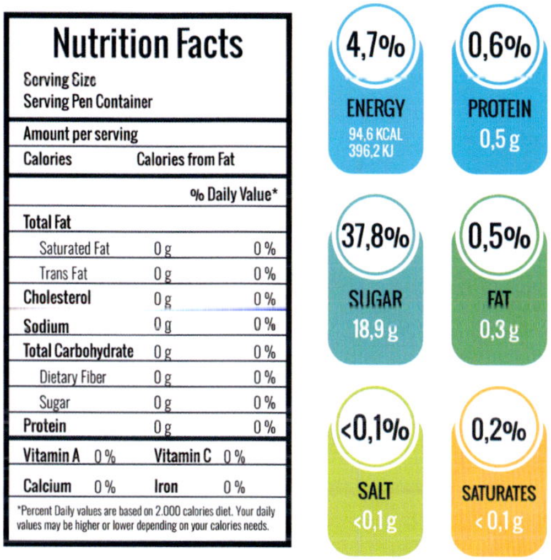

Figura 2.11. La información nutricional en las etiquetas de los alimentos es obligatoria.

Algunas pautas básicas en la dieta de una persona diabética son:

- Intentar realizar las diferentes comidas del día siempre a la misma hora.

- No saltarse ninguna comida.

- Se aconseja comer entre cinco y seis veces al día para controlar los niveles de azúcar en sangre y evitar hipoglucemias. Estas se repartirían de la siguiente manera: desayuno, media mañana, comida, merienda, cena y tomar algo justo antes de ir a dormir. Esto puede ser un vaso de leche o un yogur y una pieza de fruta.

- Mantenerse activo físicamente y mantener un peso saludable, ambas cosas mejorarán los niveles de azúcar en sangre.

En la siguiente tabla, aparece un ejemplo de como podría ser un menú semanal de una dieta para una persona diabética respecto al desayuno, la comida y la cena. En el caso de las comidas de media mañana, las meriendas y si se toma algo antes de ir a dormir, se podría elegir, por ejemplo, entre algunos de los siguientes alimentos teniendo en cuenta siempre las cantidades ingeridas y la cantidad de hidratos de carbono que contengan estas y su combinación:

- Leche sola, con café o infusiones con edulcorante.

- Pan integral con aceite, queso, requesón, jamón cocido o fiambre de pavo.

- Galletas tipo integral.

- Yogures (sin azúcar).

- Frutas.

- Frutos secos.

Tabla **2.8.** Ejemplo de un menú semanal para personas diabéticas

	LUNES	MARTES	MIÉRCOLES	JUEVES	VIERNES	SÁBADO	DOMINGO
DESAYUNO	Infusión con edulcorante, pan integral con queso fresco o requesón, zumo natural o fruta entera	Leche desnatada sola o con café y edulcorante, pan integral con aceite de oliva virgen extra, zumo natural o fruta entera	Dos yogures desnatados con cereales de desayuno y una pieza de fruta	Infusión con edulcorante, pan integral con queso fresco o requesón, zumo natural o fruta entera	Leche desnatada sola o con café y edulcorante, pan integral con aceite de oliva virgen extra y una pieza de fruta	Batido de leche desnatada sin azúcar con fruta, pan integral con aceite de oliva virgen extra y jamón cocido o fiambre de pavo	Un vaso de leche desnatada con dos biscotes y mermelada elaborada con edulcorante
COMIDA	Estofado de lentejas, bacalao al horno con ensalada, pan integral y fruta	Judías verdes salteadas, ternera con patata y zanahoria, pan integral y fruta	Macarrones con tomate, pez espada a la plancha con ensalada de col, pan integral y fruta	Caldo con garbanzos, pavo a la plancha y ensalada de pepino, pimiento y cebolla, pan integral y fruta	Ensalada de lechuga, champiñón, cebolla y piña, patatas guisadas con choco, pan integral y yogur desnatado	Sopa de verduras Salmón a la plancha con puré de patata y zanahoria, pan integral y fruta	Ensalada de brotes frescos, tomate y queso bajo en grasa, paella, pan integral y una pieza de fruta
CENA	Sopa castellana con jamón, revuelto de patatas, champiñón y espárragos, pan integral y yogur desnatado	Ensalada de lechuga y pimientos, lubina a la plancha salteada con arroz, pan integral y fruta	Sopa de fideos, tortilla con espinacas y queso, pan integral y fruta	Pisto manchego, dorada al horno con patatas, pan integral y fruta	Crema de calabaza, hamburguesa casera de pollo a la plancha, pan integral y fruta	Picadillo de tomate, pimiento, cebolla y atún Tortilla de patatas cocidas, pan integral y fruta	Hervido de patata, zanahoria y puerro, merluza en salsa, pan integral y una pieza de fruta

Hipertensión

La hipertensión arterial afecta al 20 30 % de las personas de entre 18-65 años y al 35-65 % de las personas por encima de los 65 años. Junto a la diabetes, el tabaquismo y la hipercolesterolemia, es uno de los principales factores de riesgo cardiovascular.

La hipertensión se produce cuando la presión arterial en las arterias es constantemente alta. La presión arterial se mide en presión sistólica y presión diastólica.

La **presión arterial sistólica** es la presión en las arterias cuando el corazón se contrae y bombea sangre hacia el resto del cuerpo. Este es el número más alto de la lectura de presión arterial y se mide en milímetros de mercurio (mmHg).

Por otro lado, la **presión arterial diastólica** es la presión en las arterias cuando el corazón se relaja entre latidos y se llena de sangre. Este es el número más bajo de la lectura de presión arterial y también se mide en milímetros de mercurio (mmHg).

Ambos números son importantes para tener una medida precisa de la presión arterial. La lectura normal de presión arterial se considera alrededor de 120/80 mmHg, donde 120 es la presión sistólica y 80 es la presión diastólica. Cualquier lectura fuera de este rango puede indicar hipertensión (presión arterial alta) o, por el contrario, hipotensión (presión arterial baja), lo que, en ambos casos, puede ser indicativo de problemas de salud latentes.

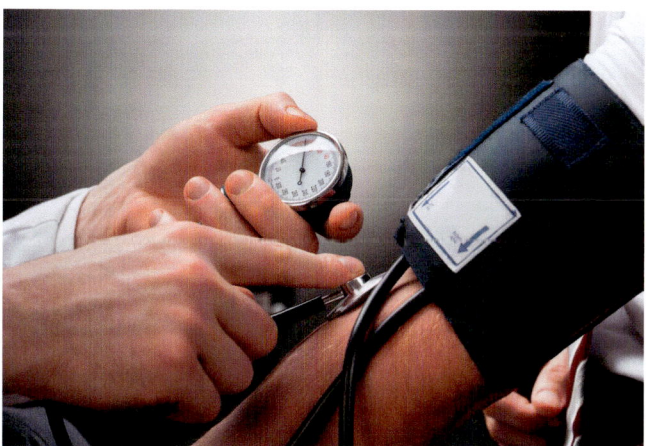

Figura 2.12. Persona hipertensa tomándose la tensión.

Esto puede ser causado por una combinación de factores genéticos y ambientales, como:

- Sobrepeso u obesidad
- Consumo excesivo de sal
- Consumo excesivo de alcohol

- Falta de actividad física

- Estrés crónico

- Consumo de tabaco

- Enfermedades como la diabetes, enfermedades renales o problemas hormonales

- Factores genéticos y antecedentes familiares de hipertensión

La hipertensión puede ser una condición crónica que requiere tratamiento a largo plazo para controlarla y reducir el riesgo de complicaciones graves como enfermedades cardiovasculares, accidentes cerebrovasculares y problemas renales.

Para tener controlada la tensión, la persona hipertensa debe seguir una dieta estricta en cuanto al consumo de sal, así como alimentos que la incluyen en un alto porcentaje como salazones, embutidos, etc. Es importante llevar un estilo de vida saludable, realizar ejercicio regularmente, mantener un peso saludable y, como ya hemos dicho, reducir el consumo de sal y alcohol para prevenir y controlar la hipertensión. También es fundamental realizar controles regulares con un médico para monitorear la presión arterial y ajustar el tratamiento si es necesario.

Una persona hipertensa debe seguir una dieta equilibrada y baja en sal para controlar su presión arterial. Algunas recomendaciones para la dieta de una persona con hipertensión incluyen:

- Prescindir de la sal de mesa y en las elaboraciones (máximo 6 gramos por día).

- Aumentar el consumo de alimentos de origen vegetal.

- Cocinar alimentos a la parrilla (pescados) o al vapor (verduras) ya que así se mantiene el sabor del alimento.

- No usar mantequilla o margarina para cocinar.

- Retirar la grasa de las carnes y los caldos. Elegir carnes magras para su consumo y pescados grasos por su contenido en omega-3.

- Utilizar condimentos como las hierbas aromáticas, los vinagres, el zumo de limón...

Figura 2.13. Las personas hipertensas deberán reducir la cantidad de sal en sus comidas.

- Limitar el consumo de alimentos procesados por su alto contenido en sodio. Limitar también el consumo de alimentos con alto contenido en azúcar.

- Preferiblemente, consumir productos lácteos bajos en grasa o desnatados.

- Consumir también alimentos ricos en potasio como pueden ser las espinacas, los plátanos o los aguacates ya que ayudan a controlar la presión arterial.

- Mantenerse bien hidratado.

- Mantener el peso corporal adecuado.

- Realizar actividad física diariamente.

- Dejar de fumar y si se consume alcohol, hacerlo con moderación.

- Reducir los niveles de estrés.

Es importante consultar con un profesional de la salud o un dietista para diseñar un plan de alimentación personalizado que se adapte a las necesidades individuales y para controlar la presión arterial de manera efectiva.

En la página siguiente, se expone un ejemplo de menú semanal dirigido a personas hipertensas. Como hemos mencionado en los apartados anteriores, en el caso de las comidas de media mañana y merienda se puede optar por alimentos como yogures, leche o quesos desnatados, pan, fruta, café o infusiones.

Figura 2.14. El control de la tensión arterial unido a una dieta equilibrada son esenciales para las personas hipertensas.

Tabla 2.9. Ejemplo de un menú semanal para personas con hipertensión

	LUNES	MARTES	MIÉRCOLES	JUEVES	VIERNES	SÁBADO	DOMINGO
DESAYUNO	Café o infusión con/sin leche desnatada, pan con aceite y una pieza de fruta	Cereales de desayuno con leche desnatada y una pieza de fruta	Café o infusión con/sin leche desnatada, pan con mermelada y una pieza de fruta	Café o infusión con/sin leche desnatada, pan con aceite y una pieza de fruta	Cereales de desayuno con leche desnatada y una pieza de fruta	Yogur líquido, compota de manzana y galletas tipo María	Café o infusión con/sin leche desnatada, pan con aceite y un zumo de naranja
COMIDA	Espinacas con setas, pollo a la naranja, pan y fruta de temporada	Ternera con arroz y guisantes estofados, pan y fruta de temporada	Garbanzos con verduras, caballa al horno con patatas, pan y fruta de temporada	Pasta con verduras, pechuga de conejo con limón a la plancha, pan y fruta de temporada	Fideuá de gambas, pez espada con tomate, pan y fruta de temporada	Arroz con champiñones y espárragos verdes, mero al horno, pan y fruta de temporada	Guiso de lentejas, mero con ensalada, pan y fruta de temporada
CENA	Patatas guisadas con puerro, dorada a la plancha, pan y fruta de temporada	Menestra de verduras, canelones de salmón, pan y fruta de temporada	Pisto manchego, pavo con manzana, pan y fruta de temporada	Sopa de pescado, revuelto de habas y ajetes. Pan, fruta de temporada	Verdura a la plancha con huevo revuelto, pan y fruta de temporada	Sopa de fideos, pollo a la plancha con ensalada mixta, pan y fruta de temporada	Quinoa con alcachofas, brocheta de pavo y tomate aliñado, pan y fruta de temporada

RECUERDA

Las personas celíacas son aquellas que padecen una intolerancia al gluten, una proteína presente en cereales como el trigo, la cebada y el centeno, lo cual les provoca daño en el intestino delgado. Deben llevar una dieta libre de gluten para evitar complicaciones de salud.

Las personas diabéticas tienen niveles elevados de glucosa en sangre, lo cual puede causar daño a órganos importantes como el corazón, los riñones y los ojos. Deben controlar su dieta, hacer ejercicio regularmente y, en ocasiones, tomar medicamentos para mantener sus niveles de glucosa bajo control.

Las personas hipertensas, tienen presión arterial elevada, lo cual aumenta el riesgo de enfermedades cardíacas y accidentes cerebrovasculares. Deben reducir la ingesta de sal, mantener un peso saludable, hacer ejercicio regularmente y tomar medicamentos para controlar su presión arterial. Todas estas condiciones requieren un seguimiento médico continuo y un cuidado especial en la alimentación y el estilo de vida.

▶ ACTIVIDAD 2.4

Con la ayuda de internet, haz un listado con los alimentos y las formas de cocinar los alimentos recomendadas para celiacos, hipertensos y diabéticos.

▶ ACTIVIDAD 2.5

Con todo lo que has aprendido prepara tres menús semanales completos (desayuno, almuerzo, comida, merienda y cena) para tres grupos de población y con diferentes características. Tendrás que decidir qué alimentos vas a ofrecer y cuál será la forma en la que vendrán cocinados.

GRUPO 1

El menú irá dirigido a niños de entre 7 y 10 años que están en un campamento de verano. Tendrás que tener en cuenta que entre los niños hay un par de celíacos y que este menú tienes que realizarlo con alimentos de temporada.

GRUPO 2

El menú irá dirigido a adultos que están pasando sus vacaciones de Semana Santa en un hotel. Tendrás que tener en cuenta que entre esas personas hay varios veganos y vegetarianos, y que este menú tienes que realizarlo con alimentos de temporada.

GRUPO 3

El menú irá dirigido a adultos de la tercera edad que viven en una residencia de ancianos. Es la semana de Navidad. Tendrás que tener en cuenta que entre los usuarios de la residencia hay varias personas que tienen una dieta estricta con purés y que hay varios hipertensos y tres diabéticos. Además, este menú tienes que realizarlo con alimentos de temporada.

2.7. Resumen

En este punto hemos aprendido:

- Para asegurarnos de que los niños están bien alimentados, basta con poner a su disposición una dieta variada y generar en ellos buenos hábitos alimenticios.

- Las necesidades nutritivas en adolescentes vienen marcadas por los procesos de maduración sexual, aumento de talla y aumento de peso. Estos procesos requieren una gran cantidad de energía y también nutrientes.

- Las personas que han comido de manera sana y equilibrada lo largo de su vida han podido adaptarse a los cambios fisiológicos que aparecen cuando nuestro cuerpo envejece.

- Para elaborar una dieta dirigida a una persona adulta deberemos agrupar los alimentos según sus funciones y su composición.

- Actualmente, encontramos gran variedad de dietas que se corresponden con una serie de valores, creencias, tendencias y estilos de vida que ha adoptado la sociedad.

- Cada vez son más las personas que presentan diferentes patologías que requieren de una alimentación especial donde habrá que cuidar especialmente la ingesta de determinados alimentos, así como saber combinarlos y conocer varias formas de cocinado para poder hacer más atractiva la presentación de las comidas y que su sabor siga siendo el que se espera.

AUTOEVALUACIÓN

ACTIVIDADES FINALES

2.1. ¿Cuál de las siguientes etapas de la vida es fundamental para incluir en la dieta una variedad de alimentos ricos en hierro, calcio, proteínas, vitaminas y minerales?

a) Edad preescolar.

b) Adolescencia.

c) Edad escolar.

d) Edad adulta.

2.2. ¿Cuál es el objetivo principal de la planificación de la dieta en adolescentes?

a) Prevenir enfermedades cardiovasculares.

b) Controlar el peso corporal.

c) Asegurar un crecimiento y desarrollo adecuados.

d) Fomentar hábitos alimentarios saludables.

2.3. ¿Cuál es la recomendación general en cuanto a la cantidad de raciones al día que deberían ingerir niños y niñas hasta los 10-12 años aproximadamente?

a) Tres raciones de fruta al día.

b) Cinco comidas al día.

c) Dos raciones de lácteos al día.

d) Una ración de legumbres a la semana.

2.4. ¿Qué tipo de dieta vegetariana incluye todo tipo de alimentos vegetales, leche y huevos?

a) Dieta crudívora.

b) Dieta vegana.

c) Dieta flexitariana.

d) Dieta ovolactovegetariana.

2.5. ¿Cuál de las siguientes dietas se basa en la separación de alimentos según el grupo al que pertenecen, como hidratos de carbono o proteínas?

a) Dieta macrobiótica.

b) Dieta flexitariana.

c) Dieta disociada.

d) Dieta mediterránea.

2.6. ¿Cuál es uno de los cambios significativos en la composición corporal de los adultos mayores?

a) Aumento de la masa muscular.

b) Aumento de la fibra en la dieta.

c) Pérdida de grasa corporal.

d) Pérdida de masa ósea.

2.7. **¿Qué sentido tiende a disminuir a medida que envejecemos y afecta la forma en la que comemos?**

a) Sentido del gusto.

b) Sentido del olfato.

c) Sentido del tacto.

d) Sentido de la vista.

2.8. **¿Cuál es una ventaja de seguir una dieta vegetariana según diferentes estudios?**

a) Mayor incidencia de enfermedades cardiovasculares.

b) Mayor incidencia de diabetes tipo II.

c) Menor consumo de fibras y vitaminas.

d) Menor incidencia de ciertos cánceres.

2.9. **¿Qué tipo de dieta combina conceptos de vegetarianismo estricto con filosofía zen?**

a) Dieta flexitariana.

b) Dieta macrobiótica.

c) Dieta disociada.

d) Dieta frugívora.

2.10. **¿Cuál es una recomendación general para perder y controlar el peso en adultos?**

a) Dieta hipercalórica.

b) Sedentarismo.

c) Continuar con los mismos hábitos alimentarios.

d) Vida activa.

2.11. **¿Qué es la enfermedad celíaca?**

a) Una intolerancia permanente al gluten.

b) Una alergia al trigo.

c) Una intolerancia a la lactosa.

d) Una enfermedad hereditaria.

2.12. **¿Qué síntomas puede tener una persona con celiaquía?**

a) Pérdida de apetito y de peso.

b) Dolor abdominal.

c) Diarrea crónica.

d) Todas las anteriores.

2.13. **¿Cuál es la principal diferencia entre la diabetes tipo 1 y la diabetes tipo 2?**

a) La diabetes tipo 2 se presenta solo en personas mayores.

b) La diabetes tipo 1 se produce por la falta de insulina.

c) La diabetes tipo 2 se trata con insulina externa.

d) La diabetes tipo 1 se produce por la ineficiente utilización de insulina.

2.14. ¿Qué comparten la diabetes tipo 1, tipo 2 y la diabetes gestacional?

a) Todas se pueden controlar con dieta y ejercicio.

b) Todas requieren insulina.

c) Todas se producen por el consumo excesivo de azúcar.

d) Todas son enfermedades autoinmunes.

2.15. ¿Qué factores pueden causar hipertensión arterial?

a) Consumo excesivo de sal.

b) Falta de actividad física.

c) Estrés crónico.

d) Todas las anteriores.

2.16. ¿Cómo se puede controlar la hipertensión arterial?

a) Reduciendo el consumo de sal y alcohol.

b) Realizando ejercicio regularmente.

c) Manteniendo un peso saludable.

d) Todas las anteriores.

2.17. ¿Qué recomendaciones se hacen para una dieta baja en sal?

a) Prescindir de la sal de mesa y en las elaboraciones.

b) Consumir únicamente productos procesados.

c) Utilizar mantequilla para cocinar.

d) Consumir alimentos ricos en grasa.

2.18. ¿Qué tipo de alimentos se sugieren en la dieta para una persona diabética?

a) Frutas y verduras.

b) Carne roja.

c) Fritos.

d) Alimentos procesados.

2.19. ¿Qué prueba es necesaria para confirmar la enfermedad celíaca?

a) Análisis de sangre.

b) Biopsia intestinal.

c) Radiografía.

d) Resonancia magnética.

2.20. ¿Qué ofrece la Federación de Asociaciones de Celiacos de España (FACE) a los pacientes?

a) Servicios de apoyo y asesoramiento.

b) Formación para empresas de restauración.

c) Herramientas para ayudar a llevar la dieta sin gluten.

d) Todas las anteriores.

Bibliografía

- Agencia de Salud Pública de Cataluña. Departamento de Salud. *La alimentación saludable en la etapa escolar.* 2020. Generalitat de Cataluña.
  www.salutpublica.gencat.cat/web/.content/minisite/aspcat/promocio_salut/alimentacio_saludable/02Publicacions/pub_alim_inf/guia_alimentacio_saludable_etapa_escolar/guia_alimentacion_etapa_escolar.pdf

- Carbajal Azcona, A., *Manual de nutrición y dietética,* 2013.
  https://hdl.handle.net/20.500.14352/36607

- Martínez Zazo, A. B.; Pedrón Giner, C., *Conceptos básicos en alimentación.*
  www.seghnp.org/sites/default/files/2017-06/conceptos-alimentacion.pdf

- Requena Peláez, J. M., *Planificación de menús y dietas especiales,* 2.ª edición, ICB Editores S. L., Málaga, 2017.

- Salazar Quero, J. C.; Crujeiras Martínez, V., *Nutrición en el adolescente.* 2023.
  www.aeped.es/sites/default/files/documentos/38_nutricion_adolescente.pdf

- Serra Ispizua, J., *La nutrición en el deporte,* 2016.
  www.bizkaia.eus/home/DPI04/Temas